Wege zum Lebenssinn

Religiöse und philosophische Orientierung
in Zeiten lebensbedrohlicher Krankheit

Für Betroffene und Angehörige

Herausgegeben von
Alf von Kries

forum zeitpunkt
Reichert Verlag Wiesbaden 2008

Abbildung auf dem Umschlag:
Christa Moering. Sonnenaufgang auf Fuerteventura 1998. Öl auf Leinwand 60 x 60 cm.

Bibliografische Information der Deutschen Nationalbibliothek

Die Deutsche Nationalbibliothek verzeichnet diese Publikation in der
Deutschen Nationalbibliografie; detaillierte bibliografische Daten
sind im Internet über http://dnb.ddb.de abrufbar.

© forum zeitpunkt
Dr. Ludwig Reichert Verlag Wiesbaden 2008
ISBN: 978-3-89500-620-3
www.reichert-verlag.de

Inhaltsverzeichnis

Zum Geleit

Leben mit einer lebensbedrohlichen Erkrankung
und
die Kostbarkeit des Lebens nutzen,
wie kann das Sinn ergeben?

Nun, die Lebensbedrohung muss sicherlich zuerst abgewendet, gemeistert und überlebt werden.

Gleichzeitig wird aber auch die Kostbarkeit des eigenen Lebens erfahrbar und bewusst. Und es hungert mich danach.

Es wird deutlich, was es für einen selbst bedeutet, Gesundheit, Kraft, Unversehrtheit und eine geplante Zukunft zu haben.

Und es wird deutlich, was es heißt, wenn dieses alles nicht mehr sicher und selbstverständlich ist.

Beides drängt danach gemeistert zu werden.

In diesem Sammelband habe ich mich auf den zweiten Aspekt konzentriert. Wenn die Bedrohung gemeistert ist, was muss, kann, will ich tun, um mein Leben wieder kostbar und sinnvoll zu erleben?

So wie vorher? – Alles anders? – Oder eine neue Mischung?

Wer sagt mir, was richtig oder falsch sein könnte?

Wer kann mir Anregung und Korrektur sein?

Es geht um die grundlegende Frage nach dem gelungenen Lebensentwurf und seiner praktischen Umsetzung. Es dürfte für jeden schnell erkennbar sein, dass es da niemals einfache Antworten oder fertige Ratschläge geben kann, die für Alle Gültigkeit haben könnten.

Schon hier wird die erste Herausforderung spürbar. Ich muss mich selber auf den Weg begeben, um das zu finden, was für mich persönlich das Passende ist. Es ist an mir, meinem Leben einen Sinn zu geben.
(Sich auf den Weg machen, zum Lebenssinn.)

Mein Leben wird in erster Linie von mir gelebt, gestaltet und verantwortet, von niemandem sonst. Auch wenn die jeweiligen Voraussetzungen und Rahmenbedingungen mir vorgegeben sind, so bin ich es doch, der so oder so mit diesen Rahmenbedingungen in ganz persönlicher Weise umgeht.

Die zweite Herausforderung ist, eine Wahl zu treffen, auszuwählen.
Nur ich für mich ahne, spüre und weiß, was für mich das Richtige ist. Um dahin zu kommen, muss ich eine Richtung einschlagen. Das heißt ich muss eine Entscheidung treffen.
(Einen Weg wählen, zum Lebenssinn.)
Das bedeutet allerdings immer auch, sich gleichzeitig für und gegen etwas zu entscheiden. Eine gute Entscheidung wird vorbereitet durch eine ausführliche innere Abwägung, durch Prüfung und Mut.

Die dritte Herausforderung ist dann, das Gewählte auch zu tun. Allein aus den konkreten Erfahrungen meines Handelns, meines Tuns erhalte ich die Überprüfung meiner Entscheidung.
(Einen Weg gehen, zum Lebenssinn.)
Es wird sicherlich mehrere Entscheidungen und Taten erfordern, bis ich zu dem richtigen Weg meines Lebenssinns gefunden habe. Und auch dieser wird, solange ich lebe, sich weiterentwickeln und wandeln. Der Sinn ergibt sich aus dem Voranschreiten auf meinem Weg.

Um für diese Herausforderungen gerüstet zu sein, habe ich im Rahmen einer Reihe von Patientenseminaren des Psycho-Onkologischen Dienstes der HSK (Dr. Horst Schmidt Kliniken GmbH in Wiesbaden) verschiedene mögliche Ansätze zur Sinnstiftung zusammengeführt. Da sind zum einen die unterschiedlichen Religionen, die für unseren Lebens- und Kulturkreis präsent und zugänglich sind, aber auch rein philosophische Ansätze. Die Referenten haben ihre Vorträge gehalten und in diesen Sammelband eingebracht.

Herr Pfarrer Dr. Jochen Kramm – Leiter des Zentrums Ökumene in Frankfurt – nimmt aus der Sicht der evangelischen Kirche Stellung:

> Es ist eine Aufgabe der Lebensdeutung, Erfahrungen von Leid, Krankheit und Tod in die eigene Lebensgeschichte zu integrieren, ohne den Sinn der eigenen Existenz in Frage zu stellen. In der evangelischen Tradition wird der Tod Jesu am Kreuz als sinnerfüllte Lebensgeschichte im Angesicht des Leids erzählt.

Herr Pfarrer Rainer Frisch – Klinikseelsorger an der Universtitätsklinik Frankfurt – stellt die Sicht der katholischen Kirche dar:

> Aus christlicher Sicht ist das Leben ein Geschenk – frei von Gegenleistungen. Es ist aber auch Auftrag, bezogen auf die Gemeinschaft der Menschen, auf die Welt, auf das ethische Handeln und auf die spirituelle Praxis. Bei einer Krebserkrankung erscheint der Geschenkcharakter des Lebens und der Lebensauftrag unter einem neuen, besonderen Aspekt.

Frau Petra Kunik, Publizistin und freie Autorin aus Frankfurt, gibt die Sicht des Judentums wieder:

> Für den Umgang mit Krankheit liefert das Alte Testament, neben den gesammelten kollektiven Erfahrungen, die grundlegenden Bezüge. Krankheit bleibt in diesem Zusammenhang letztendlich unerklärbar. Die Herausforderung ist die Hingabe an Gott und der veränderte Umgang mit sich selbst.

Frau Naime Chakir – Pflegekraft, Dipl. Sozial-Pädagogin, Studium der Islamwissenschaften, freie Referentin – veranschaulicht die Sicht des Islam:

> Hoffnung und Demut sind zentrale Tugenden des muslimischen Glaubens. Im Islam wird dem Kranken Heil und Vergebung versprochen, wenn der Betroffene seine Krankheit annimmt und sich voller Demut zu Gott hinwendet. Dieses Versprechen soll dem Kranken nicht nur helfen, seiner Krankheit einen Sinn abzugewinnen, sondern auch eine Lebensperspektive aufzeigen.

Frau Dr. C. Weishaar-Günter – Studium und Praxis des Buddhismus bei Lehrern und Meistern verschiedener tibetischer Schulrichtungen, Dozentin an der Universität Erlangen, der VHS Eltville und buddhistischen Zentren – zeichnet die Sicht des Buddhismus nach:

> Das sich Vergewissern der eigenen Vergänglichkeit ist im Buddhismus ein täglicher Anstoß zur Neubegründung der Lebensfreude. Unsere Lebensaufgabe besteht darin, unsere tiefe, innere Weisheit, unsere Fähigkeiten und unsere universelle Verantwortung weit über die Grenzen unserer Person hinaus zu entdecken und zu entfalten.

Frau Dr. Annemarie Richards – Gynäkologin, freie Praxis – gibt die Sicht der Anthroposophie wieder:

> Jeder Mensch hat eine individuelle Seele, die den irdischen Lebensweg beschreitet und durch unterschiedliche Erfahrungen hindurchgeht, um sich damit weiterzuentwickeln. So kann Krankheit auch als Chance verstanden werden, um mit den in uns schlummernden Heilungskräften in Verbindung zu treten.

Herr Dr. Wilhelm Schmid – freier Philosoph, Professor an der Universität Erfurt, regelmäßige Tätigkeit als „philosophischer Seelsorger" am Spital Affoltern am Albis bei Zürich – bringt die Sicht der Lebensphilosophie nahe:

> Das Leben ist wohl immer ein Leben in Polarität, in Gegensätzen, zwischen positiven und negativen Erfahrungen. Lebenskunst heißt dann, mit diesen Gegensätzen leben zu können, ja, die Fülle des Lebens in ihnen zu sehen.

Mögen Sie aus der Lektüre der einzelnen Beiträge dieses Sammelbandes Anleitung und Ermutigung finden, Ihrem Leben Sinn zu stiften.

Schlangenbad, den 27.05.08   Alf von Kries

Für die Unterstützung beim Gelingen dieses Buches bedanke ich mich herzlich bei den Patienten und Angehörigen, bei den Referenten, der Willy Robert Pitzer Stiftung, der Stiftung Wegbegleitung, bei meinem Arbeitgeber Dr. Horst Schmidt Kliniken GmbH in Wiesbaden sowie bei der Verlegerin Frau Reichert.

Die Lebensgeschichte als Spiegel von Lebenssinn

Jochen Kramm

Erläuterung der Frage anhand eines Films

Es ist im Wesen des Menschen festgelegt, dass er sein Leben als sinnvoll erfahren möchte. Wie sich das Bedürfnis nach Sinn im alltäglichen Leben äußert, können wir unter anderem im Kino erfahren. Im Jahr 2004 erschien ein Film, der sich erzählend der philosophisch-religiösen Frage nach dem Sinn des Lebens annimmt. Der Titel des Films lautet: „Final Cut", zu deutsch: „Der endgültige Schnitt". Es ist ein Film aus der Gattung des Science Fiction mit Robin Williams in der Hauptrolle. Er erzählt folgende Geschichte:

In der Zukunft wurde die technische Möglichkeit entwickelt, Menschen einen Chip in ihr Gehirn einzusetzen, der ihr ganzes Lebens durch ihre Augen und Ohren hindurch aufzeichnet. Am Ende liegt das ganze Leben als Film vor. Das ist eine unglaubliche Fülle an Rohmaterial, allerdings auch mit langweiligen Sequenzen. Deshalb ist ein neuer Beruf entstanden. Professionelle schneiden das Filmmaterial so zurecht, dass für ein Totengedenken ein wunderbarer Lebensfilm entsteht. Das erklärt den Titel, denn der Lebensfilm erhält den letzten Schnitt. Die Qualität eines Profis wird danach beurteilt, wie gut und geschlossen das Leben eines Verstorbenen als eine Geschichte erzählt wird. Der Beste seines Fachs ist ein Mann namens Alan Hackman. Man erfährt im Laufe des Films, wie er arbeitet. Er muss aus dem Leben seiner Klienten viele Szenen herausschneiden, bevor das gewünschte Produkt fertig ist. Eigentlich ist der Mann ein Künstler, weil er etwas Neues herstellt. Er konstruiert diese Lebensgeschichten.

In seinem eigenen Leben gibt es ein dunkles Geheimnis, das ihm keine Ruhe lässt. Dann entdeckt er, dass auch er einen solchen Chip in seinem Kopf trägt. Es gelingt ihm, sein eigenes dunkles Geheimnis zu lüften, indem er seinen Gedächtnisfehler durch die Aufnahmen aus seinem Chip korrigieren kann. Er wird verfolgt und erschossen, weil er in seinem Kopf belastendes Bildmaterial trägt. Damit sollen die üblen Machenschaften eines Konzerns aufgedeckt werden. Sein Mörder verspricht ihm in der letzten Szene nach seinem Tod, dass er nicht vergeblich gestorben sei. Sein Tod diene einer guten Sache.

Alltagsbewusstsein knüpft Zusammenhänge

Was in diesem Film erzählt wird, ist eine beachtenswerte Analyse unseres eigenen Bewusstseins. Was der Held des Films mit fremden Lebensgeschichten tut, tun wir bereits mit unserer eigenen Lebensgeschichte. Wir sind daraufhin ausgelegt einen Gesamtzusammenhang für unsere Biographie zu konstruieren. Natürlich blicken wir nicht vollständig auf unser Leben zurück, wie Hackman mit einem filmischen Kunstgriff auf das gesamte Leben eines Menschen zugreifen kann. Wir tragen in unserem Bewusstsein ein Ich, das die Einzeldaten unseres Lebens zu einem logischen Zusammenhang zusammenfügen möchte. In der Regel nehmen wir nicht wahr, dass unser Bewusstein so arbeitet. In unserem Kopf ist unser Ich damit beschäftigt, die sinnlichen Eindrücke als Rohmaterial so zu bearbeiten, dass daraus eine Art Film mit einem Zusammenhang entsteht.

Wir könnten es nicht ertragen, wenn unser Leben aus lauter einzelnen Szenen besteht, die keinen inneren Zusammenhang haben. Schon eine Abfolge von Bildern ohne innere Logik finden wir beunruhigend. Vielleicht haben Sie das schon einmal selbst im Kino oder sonst erlebt: Eine schnelle Bildfolge ohne Zusammenhang macht uns unruhig oder ängstigt uns sogar. Der Schrecken des Alptraums beruht zum Teil auf diesem Phänomen. Eine Abfolge von Ereignisse in unserem Leben, die wir nicht mehr in einen inneren Zusammenhang bringen können, kann uns psychisch krank machen.

Um dies zu verdeutlichen, will ich eine alltägliche Situation heranziehen: Wer ein Auto steuert , während er das Ziel seines Weges genau kennt, der fährt in der Regel sehr gelassen ohne innere Irritation. Auch unvorhergesehene Ereignisse bringen ihn nicht aus der Ruhe. Wer dagegen nicht weiß, wo sein Ziel liegt, wird bei jeder Entscheidung, die Richtung zu wechseln, unruhig werden. Die Ziellosigkeit löst Stress aus und macht Fehlverhalten sehr wahrscheinlich.

Sinn als logischer Lebenszusammenhang

Wir sind dann zufrieden, wenn sich die Ereignisse unseres Lebens zu einem schlüssigen Ganzen zusammenfügen lassen. Dann ist Lebenssinn gegeben. Uns zeigt sich ein roter Faden, der sich durch alle Ereignisse unseres Lebens hindurch zieht. Unsere Umwelt bietet uns von Kind auf ständig verschiedene Muster an, die als Lebenssinn angenommen werden können. Durch die geistige Kultur um uns her nehmen wir immer wieder Sinnangebote in unser Leben auf. Wir brauchen äußere Stützen, denn nur die Wenigsten fühlen die Kraft, für sich selbst Sinn zu stiften. Je nach Persönlichkeit ziehen wir unterschiedliche Maßstäbe heran, die eine Ordnung herstellen können. Es bilden sich Muster, die dem Leben Ordnung verleihen und es übersichtlich machen. Ein beliebter Maßstab, den auch Alan Hackman gebraucht, um Leben zu gestalten, ist der Erfolg. In einem solchen Lebensmuster fügen sich die Zeiten in der Schule, in der Ausbildung und im Beruf zu einer Laufbahn zusammen, die Anerkennung, Bestätigung und Karriere zum Ziel haben. Ein anderes Muster ist die harmonische Beziehung und die Familie. Die Betrachtung eines Lebens erzeugt dabei das Gefühl von Sinn, wenn sich seine wichtigen Begebenheiten zu einer guten Ehe und einer intakten Familie zusammenfügen lassen.

Ein heute ebenfalls sehr populäres Muster ist die Schönheit. Menschen legen ihr Leben so an, dass sie ständig von Schönheit umgeben sind oder ihre Sehnsucht danach kultivieren.

Ein Muster, das unserer Kultur eher fremd geworden ist, ist das heldenhafte Sterben. Der Tod in der Selbstopferung gibt dem Leben im Rückblick eine Weihe und ist die angestrebte Konsequenz der Lebensführung.

Es ist ein wichtiges Merkmal von Lebenssinn, dass er nicht durch bestimmte Inhalte festgeschrieben ist. Es leuchtet uns unmittelbar ein, dass Sinn etwas sehr Individuelles ist. Jedes Individuum hat die Aufgabe, für sich seinen Sinn zu finden. Was sinnvoll ist, bestimmt nicht der Inhalt. Denn was unter den Bedingungen des einen Lebens sinnvoll erscheint, wirkt im Rahmen einer anderen Existenz lächerlich, deplaziert oder grotesk. Deshalb ist die Frage nach dem Sinn nicht generell zu beantworten. Da Sinn nicht über seine Inhalte zu definieren ist, kann man ihn am besten anhand seiner Struktur beschreiben. Lebenssinn ist gekennzeichnet durch einen positiven emotionalen Gehalt wie Zufriedenheit, Freude oder Ausgeglichenheit. Eine innere Folgerichtigkeit der Ereignisse ist die Grundlage. Doch diese innere Folgerichtigkeit lässt sich nicht wie ein Naturgesetz nachweisen, sie ist das Ergebnis von Interpretation und Deutung. Lebenssinn ereignet sich an den Punkten, wo uns etwas einleuchtet, sich ein Ereignis folgerichtig aus dem anderen ergibt. Er ist das Ergebnis eines dauernden Prozesses, denn er kann nicht einmal gefunden werden, um dann für immer gültig zu bleiben. Er ist einem Feuer vergleichbar, das erlischt, wenn ihm nicht ständig neuer Brennstoff zugeführt wird. Weil unser Leben noch nicht abgeschlossen ist, steht seine letztgültige Deutung auch noch nicht fest, sondern birgt in sich die Möglichkeiten der Veränderung.

Sinnkrisen

Die meiste Zeit unseres Lebens leben wir ohne eine vertiefte Bewusstheit des Sinnmusters, das uns leitet. Wir beziehen uns auf die Selbstverständlichkeiten des Alltags, solange sie nicht in Zweifel gezogen werden. Um wertvolle Lebensernergie zu sparen, denken wir nicht permanent über Lebenssinn nach und orientieren uns nicht ständig neu. Das könnten wir mit unseren Kräften gar nicht leisten. Entscheidungen für einen Sinn sind daher in der Regel eher unbewusst oder halbbewusst und langfristig. Meistens testen wir individuelle Sinnfindungen in bestimmten Lebensabschnitten auf ihre Tragfähigkeit hin. Solche klassischen Testphasen sind die Pubertät oder die Lebensmitte, wo es geradezu gesellschaftlich festgelegt ist, dass dort Sinnfragen aufgeworfen werden. Der Wechsel von Sinnmustern ist nicht selten gekennzeichnet von Krisen. Wenn jemand z. B. gewohnt war, in seiner Arbeit seine Sinnstruktur zu finden, dann wird ihn eine Krankheit oder das Erreichen des Rentenalters in eine Sinnkrise stürzen.

An dieser Stelle soll besonders ein Auslöser für eine Krise betrachtet werden: die Krankheit. Dabei ist eine besondere Form der Krankheit im Blick, die in das Leben tief und grundsätzlich eingreift. Die biblische Tradition hebt zwei Formen von Krankheit besonders hervor:

Da gibt es eine Krankheit, die den Menschen sozial isoliert. Daneben gibt es die Krankheit, die in den Tod führt. Diese beiden Krankheitsformen führen in der biblischen Tradition den Menschen in eine grundsätzliche Sinnkrise.

Die bekannteste biblische Figur, die dafür steht, ist Hiob. Er ist ein reicher Mann mit großer Familie und hohem sozialen Ansehen. Aufgrund einer Verhandlung zwischen Gott und dem Teufel, die uns heute aus der literarischen Vorlage des Faust von Goethe bekannt ist, werden Hiob diese äußeren Stützen genommen. Er verliert Wohlstand, Familie und am Ende auch Gesundheit. Er sitzt auf dem Aschehaufen und schabt sich mit einer Scherbe. Seine Frau kann ihm nur noch raten, rasch zu sterben, denn sein Dasein habe allen Sinn verloren. Hiob steht für den Menschen, der alle möglichen Sinnmuster aufgeben muss, weil sie ihn nicht mehr tragen. Die Krankheit und das Unglück lassen ihn erkennen, dass Gesundheit, Wohlstand, Familie und soziales Ansehen nur vorläufige Lebenssinnmuster sein können. Dies ist die Botschaft, die viele Religionen gemeinsam haben: alle Angebote an Lebenssinn, die sich auf diese Welt beziehen, können nur vorläufig sein. Denn in der Wandelbarkeit des Lebens können sie verschwinden und lassen uns am Ende leer zurück.

Sinnkrise als Heilung

Deshalb kann der christliche Glaube die Krankheit als Weg in die heilsame Sinnkrise deuten. Der Mensch braucht eine tiefgreifende Erschütterung, um an den gewohnten und lieb gewordenen Lebenszielen zu zweifeln. Unser Beharrungsvermögen ist ungeheuer groß, wenn wir uns einmal auf eine Richtung festgelegt haben. Daher braucht es auch sehr tiefgreifender Veränderungen in unserem Lebensalltag, bevor wir die Einsicht haben, dass wir vielleicht eine Richtungsänderung brauchen. Die Krise ist die Chance, auf das Wesentliche der eigenen Person zurückgeführt zu werden. Sie schafft Abstand zu den Dingen, zu denen wir freiwillig und unter normalen Bedingungen keine Distanz suchen.

Doch die Leere, die die Krise erzeugt, darf nicht von zu langer Dauer sein. Wir halten es zwar aus, dass unser Lebensentwurf hinterfragt wird und zerbricht. Doch dann brauchen wir etwas Neues, das an die Stelle des Zerbrochenen treten kann.

Wie Menschen zu neuen Sinnfindungen durch die Krankheit befähigt werden, ist ein zentrales Motiv im Neuen Testament. Die Evangelien zeichnen den Weg Jesu Christi und seiner inneren Entwicklung nach. In einem Bild wird er uns als Heiler präsentiert. Er tritt als Helfer auf, der Kranke aus ihrer Krise befreit. Die Selbstrettung des Menschen aus der Krise ist nicht das Ideal des christlichen Glaubens. Christus tritt an den Menschen heran, um ihn aus der Orientierungslosigkeit herauszuführen. Wer für sich die Lebensgewissheit einer früheren Phase seines Lebens verloren hat, kann sie sich nicht einfach wiedergeben. Die Selbstschaffung des Fundaments, auf dem ein Leben ausruhen kann, wird im christlichen Glauben angezweifelt, denn alle selbsterrichteten Fundamente halten den Anfragen im Lauf des Lebens nicht stand. Sie zerbrechen unter den Ereignissen. Eine Person ist erst dann offen für die Ansprache von außen, wenn sie keine scheinbaren Auswege mehr sucht, die vor allen Dingen mit dem eigenen Lebensentwurf zusammen gehen. Solche Menschen in der Ausweglosigkeit treten an Jesus heran. Die Heilung ist die Eröffnung einer Möglichkeit aus der Ausweglosigkeit. Dabei gehen alle Evangelien gehen davon aus, dass die Heilung das äußere Kennzeichen eines inneren Geschehens ist.

Die Heilung ist nicht die einzige Lösung, die die Evangelien erzählen. Jesu eigener Lebensweg ist ein Weg in die Krise hinein. Seine Geschichte des Leidens ist eine Geschichte, die radikal auf jede vorläufige Sinngebung verzichtet. Sein Leiden ist nach unseren Kategorien absolut sinnlos, denn es lässt sich kein innerweltliches Ziel benennen, worauf es hinführt. Es ist nicht heldenhaft, es rettet kein anderes menschliches Leben. Es ist auch keine gewollte Selbstbestrafung. Um kurz das Ende unseres eingangs angeführten Film in Erinnerung zu rufen: das Ende des Helden wird dort mit einer größeren gerechten Sache begründet. Das ist ein Versuch der Sinngebung. Hingegen drückt das letzte Wort Jesu die Ablehnung jeglicher selbstgewählten Begründung aus: „Vater, wozu hast du mich verlassen?" Jesus starb im völligen Verzicht auf eine innerweltliche Sinngebung des Geschehens. Das ist mehr als sich jemand von uns für sich denken und wünschen kann, daher gilt er als das unüberbietbare Beispiel.

Das Kreuzessterben Jesu steht stellvertretend dafür, dass das Leiden den Sinn des menschlichen Lebens nicht zerstört, sondern auf eine Sinngebung jenseits dieser Welt hinweist. Die tiefste Begründung des Menschen liegt nicht in dieser Welt, sondern ist transzendent. Von Jesus wird das in der Geschichte im Garten Gethsemane erzählt, wo er sich vorausschauend auf seinen Tod vertrauensvoll der Führung seines Vaters überlässt. Der völlige Verzicht auf eine innerweltliche vorläufige Sinngebung lässt sich für uns überhaupt nur ertragen, wenn wir uns auf die vertrauensvolle und glaubende Gewissheit stützen können, dass es ein Ziel über dieses Leben hinaus gibt.

Lebensdeutung als praktische Übung

Um den Sinn seines Lebens erfassen zu können, muss der Mensch nach evangelischem Glauben eine Geschichte durchleben. Es ist die Geschichte seines Lebens, die aus dem Rohmaterial unzähliger Erfahrungen erst geformt werden muss. Wer sich in die Selbstbeschreibungen herausragender Personen der evangelischen Spiritualität vertieft, findet dort, dass in einzelnen Stufen beschrieben wird, wie vorläufige Sinnmuster verlassen wurden. Es sind Geschichten darüber, wie die Transzendenz des Lebenssinns in der alltäglichen Lebensführung herausgeschält werden muss, wie ein Goldwäscher seine Körner aus einer Menge Gestein wäscht. Die einzelne Lebensgeschichte hat eine Zielführung, auch wenn die Ereignisse darin dies radikal in Frage zu stellen scheinen. Der Sinn muss erworben werden, denn er ergibt sich aus der verwirrenden Fülle der Lebensdaten nicht von selbst. In der praktischen Frömmigkeit vollzieht sich das so, dass wir unser Leben jemandem erzählen. Das kann in einer ersten Stufe eine Beichte nach herkömmlicher Vorstellung sein, in der Fehler und schuldhaftes Verhalten offen gelegt werden. Mit dem Aussprechen wird ihnen die geheime beherrschende Kraft genommen. Der Zuspruch der Vergebung löst die schuldhafte Verstrickung. Luther hat diese Form sehr hoch geschätzt, auch wenn sie inzwischen in der evangelischen Frömmigkeit nur noch wenig verbreitet ist. Mit dem Erzählen unseres Versagens sind wir bereits schon mit dem Deuten unseres Lebens befasst. Indem wir Schuld eingestehen, geben wir zu erkennen, wo wir gegen unsere eigene Identität gehandelt haben. Denn nur der kann wissen, dass er vom Weg abweicht, wer ein Ziel für sich vor Augen hat. Daher bleibt die Beichte im vollen Sinn des Wortes nicht beim Reflektieren des Versagens, sondern geht in das Gespräch über den Lebensweg und seine innere Zielführung über. Ein guter Beichtvater oder eine gute Beichtmutter zeichnen sich dadurch aus, dass sie dabei mithelfen, das eigene Lebensmuster deutlich werden zu lassen. Sie befähigen zur Deutung des eigenen Lebens, wodurch auch unbegreifliche oder zunächst sinnlose Erfahrungen in einen Zusammenhang eingebettet werden. Wer seine eigene Lebensgeschichte zu erzählen beginnt, trifft Auswahl, setzt Akzente, entwickelt Sinn für das Erlebte. Das kann nicht nur zu Beichtgelegenheiten geschehen. In manchen Kirchen haben sich Gesprächskreise gebildet, die nichts anderes tun, als sich gegenseitig die Lebensgeschichte zu erzählen. Ihre besondere evangelische Prägung erhalten die Lebensgeschichten, wenn sie das in der Bibel enthaltene Wort Gottes zur Deutung und Beleuchtung der eigenen Biographie heranziehen. In der evangelischen Tradition werden den Menschen zu den wichtigen Schwellen ihrer Entwicklung wie Taufe, Konfirmation, Trauung und Beerdigung Bibelverse zugeordnet. Diese Verse wollen den künftigen und den zurückliegenden Lebensweg erklären und deuten. Es kann eine erste spirituelle Übung sein, sich solche biographischen Ereignisse zu vergegenwärtigen, die mit diesen Versen in Einklang stehen. Ziel dieses geistlichen Erzählens ist der Zustand innerer Ausgeglichenheit, in dem wir den Lebensereignissen zustimmen und ihnen eine Bedeutung geben können, die auf Quelle und Ziel des Lebens verweist. Am Ende steht eine Gewissheit, dass Gottes Spuren auch im eigenen Leben zu finden sind.

Leben – Geschenk und Auftrag

Rainer Frisch

Vier Aspekte des Weges zum Lebenssinn

Auf die Frage nach ihrem spezifischen „Weg zum Lebenssinn" antwortet die christliche Theologie zunächst mit einem mythologischen Bild. Es findet sich ganz am Anfang der Bibel – in den beiden ersten Kapiteln des Buches Genesis / 1. Buch Mose. Es sind die Geschichte von der Erschaffung der Welt in sechs bzw. sieben Tagen (Gen 1,1 – 2,4a) und die Paradies-Erzählung von Adam und Eva (Gen 2,4b – 25). Sie sagen: Alles, was ist, verdankt sich Gottes Wirken, entspricht seinem Willen.

Das Bild vom Sieben-Tage-Werk ist ein Weltentstehungs-Mythos mit der Grundaussage, dass das Leben, insbesondere das des Menschen, von Gott gegeben ist. Es ist ein Geschenk. Der Mensch hat es nicht aufgrund seiner Leistung oder seines Wollens. Jedoch ist es mit einem Auftrag versehen: Macht euch die Erde untertan (Gen 1,28b). Die Schöpfung ist dem Menschen anvertraut und damit in seine Verantwortung und Gestaltung übergeben.

Am siebten Tag erklärt Gott sein Werk für beendet und für „sehr gut". Dieses wird dem Menschen mit dem Auftrag der Bebauung und Unterwerfung übergeben. Der siebte Tag ist somit nicht der Schlusspunkt der Schöpfung sondern der zukunftsoffene Beginn der Überantwortung an den Menschen beziehungsweise die Menschheit. Dies ist eine ambivalente Aussage: Die Schöpfung ist zugleich abgeschlossen als auch auf Zukunft ausgerichtet, ein Endpunkt und zugleich ein Neubeginn.

Das Leben als entgültiges Geschenk ist zugleich in Entwicklung begriffen. Es ist ihm ein Sinn eingestiftet, der in Entfaltung ist, der Gestaltung bedarf. Das bedeutet zum Beispiel bei einer Erkrankung, dass dieser gegebenen Situation der Auftrag innewohnt, sein Leben unter den veränderten Vorzeichen verantwortungsvoll zu gestalten; seinen Platz im Gefüge der Welt neu zu bestimmen – auch wenn sie sich vielleicht auf das kleinste Umfeld des Krankenzimmers, der Wohnung, der Familie, der Freunde beschränkt. Gerade wenn die Welt sich reduziert hat auf den eigenen erkrankten Körper, wird das Ausloten aller Möglichkeiten der Heilung oder Besserung die erste Aufgabe.

Im Kontext der Schöpfungsgeschichte lässt sich der Weg zum Lebenssinn unter vier Aspekten betrachten:

Einmal findet sich ein genealogischer Kontext: *Wachset und mehret euch.* Ich stehe in einem Gesamtzusammenhang der Menschheit mit Vergangenheit und Zukunft. Meine Gegenwart bildet das Scharnier zwischen dem Davor und dem Danach. Ich verdanke mich denen vor mir. Und die nach mir sein werden, haben ein Anrecht auf ein möglichst unbeschadetes Leben in einer lebenswerten Welt. Sie haben ein Anrecht auf Glück – auch wenn ich Unglück erfahren habe.

Der Auftrag der Weltunterwerfung, sie zu bebauen und sich untertan zu machen, fordert auf zur aktiven Gestaltung in allen Bereichen, die einer menschen- und lebensfreundlichen Welt zuträglich sind. Es ist der wissenschaftliche, künstlerische Aspekt des Schöpfungsmythos. Für einen Kranken ist die medizinische, therapeutische und technische Entwicklung von immenser Bedeutung. Viele setzen große Hoffnung auf wissenschaftlichen Fortschritt. Er kann lebensrettend sein.

Der Schöpfungsmythos spricht nicht wertneutral von der Welt und dem menschlichen Leben. Gott schaut sich die Schöpfung an und qualifiziert sie: *Es war sehr gut.* Von seinem Ursprung – und biblisch heißt das auch immer von seiner Intention und seinem Ziel her – sind Welt und Leben prinzipiell gut. Gut meint auch sinnvoll und sinnvoll heißt erhaltens- und schützenswert. Welt und Leben stehen nicht zur beliebigen Verfügbarkeit weder für mich selbst noch für andere.

Schließlich spricht der Schöpfungsmythos vom siebten Tag, dem jüdischen Schabbat. Nach der Folge der sechs tatkräftigen Tage kommt noch ein siebter Tag, der aus der Reihe zwar herausfällt aber dennoch dazu gehört. Gott zeichnet ihn vor den anderen Tagen aus, indem er ihn segnet und heiligt. Es ist ein aus dem Üblichen abgegrenzter Tag, der dem Betrachten und Bedenken des Geschaffenen, des Bewerkstelligten dient. An dieser Stelle berührt die Situation der Erkrankung den Siebten Tag. Sie bringt den Kranken in eine Ausnahmesituation zu dem, wie bisher sein Leben verlaufen ist oder wie das Leben der anderen sich darstellt. Gerade durch dieses Aus-der-Reihe-gekommen-Sein gehört der Kranke in seiner Besonderheit zur Schöpfung, er steht unter dem Wort der Heiligung. Deshalb wird Kranken (und Armen) eine besondere Aufmerksamkeit und Hilfe zuteil. Für den Kranken selber kann diese Zeit auch eine Chance der Reflexion und Neuorientierung des Lebens hinsichtlich Beziehungen, Beruf oder Lebensgestaltung sein. Wertigkeiten ändern sich unter einer neuen Sicht des Lebenssinnes.

Welchen Stellenwert hat nun Krankheit in einer Welt, die in der biblischen Schöpfungserzählung als sehr gut bezeichnet wird? Vor allem abseits der als zynisch zu empfindenden Behauptung, alles – auch eine Krankheit – sei schon zu irgendetwas gut, wenn der Betroffene nur bereit sei es anzuerkennen. Nach der Darstellung des Paradieses als einem idealen und heilen Lebensort, folgen der Sündenfall, die Vertreibung aus dem Paradies, das Verhängnis des mühsamen Broterwerbs und der Sterblichkeit, der Brudermord des Kain und viele andere menschliche Desaster. Geschichten vom gefährdeten und vernichteten Leben, von zerstörten individuellen Lebenskonzepten. In der Geschichte von der Sintflut wird der Mensch Opfer unbeherrschbarer Naturgewalten. Und beim Turmbau von Babel wird der Einzelne Opfer gesellschaftlicher und politischer Zusammenhänge. Die paradiesischen Zustände haben ein Ende und bleiben zugleich erhalten als Vision für das Leben des Einzelnen und der Menschheit.

Die Schöpfung ist offen auf die Zukunft hin ausgerichtet, die alle positiven und negativen Möglichkeiten des Lebens in sich birgt. Dies ist der Ansatzpunkt ethischen Verhaltens, insofern mit dem guten Ausgang der individuellen und universalen Geschichte gerechnet werden soll. Der kollektiven Erinnerung an das verlorene Paradies scheint eine kollektive Hoffnung auf das wieder zu findende Paradies zu entsprechen. Dies wiederholt sich bei denen, die durch eine Krankheit den Zustand von Gesundheit, Wohlfühlen und Tatkräftigsein verloren haben. Das ist der Grund, auch in schweren Zeiten nicht zu verzagen, auch in schier hoffnungslosen Situationen die Hoffnung nicht zu verlieren. Die Vision eines guten und heilen Lebens kann Kräfte der Heilung und Stärkung frei setzen.

Der Mensch – das Abbild Gottes

Die besondere Stellung des Menschen innerhalb des Geschaffenen ist durch seine Ebenbildlichkeit begründet. Von keinem anderen Werk der Schöpfung wird gesagt, dass es ein Abbild Gottes sei. Nur vom Menschen aufgrund des Odems, den Gott ihm in die Nase geblasen hat: *Gott schuf also den Menschen als ein Abbild; als Abbild Gottes schuf er ihn ... und blies in seine Nase den Lebensatem.* (Gen 1,27; 2,7b). Trotz seiner Vergänglichkeit, trotz seiner Unvollkommenheit trägt er einen Wiederschein des Absoluten in sich. Der Mensch ist Inbegriff der Sterblichkeit und Schuldverfallenheit und zugleich Abbild des Ewigen und absolut Guten.

Im Christentum werden in der Vorstellung der Menschwerdung Gottes in Jesus von Nazareth das Unvollkommene des Menschen und die Vollkommenheit Gottes zusammengeführt. Das Unvereinbare des Absoluten und des Relativen vereinigen sich, ohne dass das Eine in dem Anderen aufgeht. Darin gründet der absolute Wert des Menschen, des menschlichen Lebens, die Unantastbarkeit der Würde des Menschen trotz aller Defizite des Menschen und der Welt. Deshalb ist die Sehnsucht nach dem heilen Leben immer größer als das Wissen um die Vergänglichkeit. Dies ist die Begleitmelodie auf dem Weg zum Lebenssinn.

Wie am Anfang so am Ende

Religion ist vom Begriff her Sich-in-Beziehung-setzen. Der Mensch setzt sich in Beziehung zu Gott und zugleich setzt Gott sich in Beziehung zum Menschen. Der Glaube ist eine Aktion des Menschen hin zu Gott und zugleich ist er ein unverdienbares Geschenk Gottes an den Menschen. Der Motor dieser Bewegung aufeinander zu ist die Erinnerung an den ursprünglichen Zustand des paradiesischen Heils, der als Sehnsucht den Menschen inne wohnt.

Die christliche Bibel endet in den letzten Kapiteln der Offenbarung des Johannes, der Apokalypse, mit der Vision eines neuen Paradieses (Apk 21,1 – 22,5). So ist die Erzählung vom idealen Leben der Rahmen, der die Bibel am Anfang und am Ende umschließt. Wie ein Reflex der überwundenen Zeit mit Krankheiten und Sterben erscheint die Beschreibung von Bäumen, die Früchte und heilende Blätter für alle Völker zwölfmal im Jahr, also ständig, hervorbringen: *Zwischen der Straße der Stadt und dem Strom… stehen Bäume des Lebens. Zwölf Mal tragen sie Früchte, jeden Monat einmal; und die Blätter der Bäume dienen zur Heilung der Völker* (Apk 22,2). Die Verheißung von Heilung gehört zu den entgültigen Hoffnungen, so wie die Verheißung, dass die Finsternis überwunden ist und keine Nacht mehr sein wird. Körperliches und seelisches Gesundsein ist die Bestimmung des Menschen.

Besonders die Überwindung von Krankheit, Schmerz und Trauer – also der Erfahrungen, die das Leben belasten und einschränken – ist Bestandteil der Zukunftsvision: *Er wird alle Tränen von ihre Augen abwischen: Der Tod wird nicht mehr sein, keine Trauer, keine Klage, keine Mühsal. Denn was früher war, ist vergangen* (Apk 21,4).

Die Spannung zwischen dem, was als bester Zustand im Paradies einmal war und verloren ging, und dem, was als Wiedergewinnung des heilen Zustandes in der Endzeit verheißen und erhofft wird, lässt unsere Gegenwart als einen Zwischenraum offen, als eine Zeit möglicher Mühsal und leidvoller Unvollkommenheit. In Relation gesetzt nimmt in einer der üblichen Bibelausgaben die Darstellung des Paradieses die ersten beiden Seiten ein und die Darstellung des endzeitlichen Glücks die letzte Seite. Dazwischen liegen mehr als tausend Seiten mit Schilderungen menschlichen Glücks und vor allem Elends. Dies entspricht auch der Lebenseinschätzung vieler Menschen heute: dass das Leben vor allem beschwerlich ist und der Lauf der Welt alles andere als erfreulich.

Der Weg zum Lebenssinn angesichts dieser Verhältnisse kann in christlicher Hoffnung nur mit einem Trotzdem beschritten werden, das sich aus der Verheißung nährt. Die Menschwerdung Gottes in Jesus von Nazareth, das Zusammenkommen des Ewigen mit dem Vergänglichen bettet die menschliche Hinfälligkeit in das absolut Gute und das unzerstörbare Leben ein.

Erfahrbar ist das endgültig Gute in vielen Vorabbildern zu unseren Lebenszeiten, in den Momenten des Glücks, in den Zeiten großer Liebe, im Genuss des Schönen, in den Ahnungen erfüllten Lebens. In den christlichen Kirchen wird diese Erfahrung zeichenhaft in Riten dargestellt, vor allem in den Sakramenten. Hier wird das, was verheißen ist, symbolisch schon in die Gegenwart hinein geholt. Dies so wahrzunehmen ist kein intellektueller Vorgang, auch ist er nicht mit den Methoden moderner Wissenschaft zu begründen oder zu widerlegen. Es ist ein Akt des Glaubens, der seine Begründung in der Lebenserfahrung hat.

Krankenkommunion und Krankensalbung

In der katholischen Konfession ist die Ausgestaltung dieser Zeichen und Riten ausgeprägter als in der evangelischen Konfession. Auf die sichtbare Gestalt der Beziehung Gottes mit dem Menschen, auf die sinnenhaft vorweg genommene Erfahrbarkeit endzeitlicher Wirklichkeiten zielen die Sakramente der Kirche ab. In den bedeutenden Situationen des Lebens, vor allem an den Höhe- und Wendepunkten finden wir auch in nicht christlich geprägten Gesellschaften und Familien feierliche Handlungen und Feste. Es entspricht einem menschlichen Grundbedürfnis, Besonderheiten einer Biografie nicht sang- und klanglos vorüber gehen zu lassen.

Diese Rituale haben etwas von einer Inszenierung. Es wird etwas ganz Innerliches, Unfassbares in äußeren Handlungen begangen und sichtbar gemacht. Sinnbildlich wird hier das Abstrakte in konkreten Dingen dargestellt. Dadurch wird es für den Betroffenen aber auch für die Umstehenden erkennbar. Leib und Seele, Geist und Gefühl werden im Ritus zusammen geführt. Die Ganzheit und Einheit des Menschen und seiner Biografie kommen zum Ausdruck. Die Inszenierungen des Glaubens haben in der katholischen Konfession einen großen Spielraum. Man denke nur an die vielen verschiedenen Formen von Liturgien oder die Bandbreite kirchlichen Brauchtums.

Auch in der Situation der Erkrankung stellt die katholische Konfession für die Kranken aber auch für die Angehörigen ein ganzes Spektrum religiöser Handlungen zur Verfügung. Neben Segnungen, Fürbitten und kleinen privaten Riten wie das Aufstellen von Kerzen sind die wichtigsten die Krankenkommunion und die Krankensalbung.

Die Krankenkommunion, die im Sonntagsgottesdienst der Gemeinde geheiligte Hostie, wird dem Kranken (und seinen Angehörigen) vom Priester oder einem beauftragten Gemeindemitglied ans Krankenbett gebracht. So wird die Verbindung im Glauben zwischen dem Kranken und seiner Gemeinde und Kirche hergestellt. Obwohl der Kranke körperlich nicht am Gottesdienst teilnehmen kann, ist er doch symbolisch mit der Kirche verbunden. Er wird im geistigen Sinne Teil der Gemeinde und empfängt durch die im Gottesdienst geheiligte Hostie mit der Gemeinde die Zusage des Beistandes Gottes und seinen Segen. Das faktische Ausgeschlossensein des Kranken aus der Gemeinschaft der Gesunden wird zeichenhaft überwunden. (Auch das Gebet für die Verstorbenen ist in der katholischen Kirche eine solche Grenzüberschreitung.)

Die Krankensalbung, früher Letzte Ölung genannt, gehört in der katholischen Kirche zu den sieben Sakramenten, das heißt zu den wichtigsten Symbolhandlungen. Im Jakobusbrief des Neuen Testaments ist eine Liturgie der Krankensalbung aus der frühen Christenheit überliefert. Er spricht davon, dass der Kranke aus der gesellschaftlichen Isolation befreit wird, indem die Ältesten der Gemeinde, die Repräsentanten und Liturgen, ihn besuchen. Dabei beten sie für ihn und salben ihn nach antikem Heilungsverständnis mit Öl (Jak 5,13-16). Ein geistiger Vorgang und eine sehr konkrete körperliche Maßnahme kommen zusammen, um den Kranken innerlich und äußerlich heil zu machen. Dazu gehört auch die Vergebung der Sünden im Sinne einer Entlastung von psychischer und spiritueller Bedrücktheit. Heute gehören zur Krankensalbung wie in der Frühzeit der Kirche das Gebet um Stärkung in der Krankheit, um die Kraft zu tragen, was zu tragen ist, um Bereitschaft Unabänderliches anzunehmen; es gehört die Vergebung der Sünden dazu, die rituelle Salbung mit Öl auf der Stirn und den Händen und ein Segen. Bei der Salbung spricht der Priester: *Durch diese heilige Salbung helfe dir der Herr in seinem reichen Erbarmen, er stehe dir bei mit der Kraft des Heiligen Geistes. Der Herr, der dich von Sünden befreit, rette dich, in seiner Gnade richte er dich auf.*

Der antike Brauch der Salbung als Zeichen der Auserwählung (z. B: für Könige, Hohepriester, Propheten) klingt auch in der Krankensalbung an. Dem Kranken kommt als einem Notleidenden – biblisch: als einem Armen – nicht nur besondere Beachtung durch die Gesellschaft zu, indem er ihrer Sorge anvertraut ist, es kommt ihm auch eine besondere Würde durch Gott zu wie sie in der deutlichen Option Jesu für die Armen zum Ausdruck kommt. Er sieht sich in besonderer Weise als ihr Bruder. In dieser Tradition verstehen sich auch die katholischen Orden, die sich der Armenfürsorge und Krankenpflege widmen.

Spuren des alten Verständnisses der Krankensalbung als Letzte Ölung haben sich in dem Wunsch mancher Patienten besonders auch von Angehörigen erhalten, wenn sie in absehbarer Nähe des Todes um das Sakrament bitten. Der sterbende kranke Mensch möchte sein Leben gläubig beschließen und sich auf die Begegnung mit Gott im Augenblick des Todes vorbereiten. Das Gebet soll zeichenhaft den Sterbenden über die Schwelle aus diesem Leben hinaus in das Leben bei Gott begleiten. Dieser Vorbereitung auf die Gottesbegegnung dient z. B. auch das Sprechen von Gebeten und heiligen Texten durch die Umstehenden bei gläubigen Juden und Moslems.

Es erscheint hier in sehr abgemilderter Form dieses widerständige Trotzdem, das der christliche Glaube der Welt, wie sie sich dem Augenschein darstellt, entgegen setzt. Auch wenn der Sterbende unserem Sehen und Hören nicht mehr zugänglich zu sein scheint, so ist er dennoch geleitet auf seinem Weg aus der Zeit durch unser Beten. Dass gerade hier bei vielen Menschen, und in letzter Zeit immer mehr, von Engeln die Rede ist, die als Schutzengel oder Weggenossen auftreten, hat auch mit diesen Bildern zu tun, die in einen Bereich hineinragen, der unserem Zugriff entzogen ist und bleibt. Einem Bereich, über den wir dennoch Aussagen treffen wollen, weil wir das Unzugängliche so schwer ertragen.

Die Befreiung von Sünden, die bei der Krankensalbung zugesprochen wird, die auch in vielen anderen Religionen wie z. B. in den fernöstlichen Religionen mit ihren Reinigungsriten praktiziert wird, meint im biblischen Sinne eine Reinheit des Herzens, eine Wiedererlangung der ursprünglichen Unschuld der Seele, wie sie dem Menschen im Paradies als dem sündlosen Ort eigen war. Auch hier schließt sich der Kreis von Anfang und Ende, von Ursprung und Ziel. Am Ende des Lebens wird der anfängliche Zustand, der unbelastet war, wieder geschenkt.

Verantwortung für einen natürlichen Tod

Vor allem in Fällen sehr schwerer Erkrankung, in denen keine Aussicht auf Heilung oder wenigstens Besserung mehr besteht, kann sich die Sehnsucht nach dem Leben zu einer Sehnsucht nach dem Tod verkehren. Es ist auch da eine Hoffnung vorhanden auf ein Besseres, nämlich das Unerträgliche überstanden zu haben, von Schmerzen befreit zu sein, aufhören zu dürfen einen aussichtslosen Kampf gegen die Krankheit führen zu müssen. Vom Tod erwarten diese Menschen eine Erlösung. Wenn sie gläubig sind, erwarten sie nach dem Tod eine höhere Qualität des Daseins im ewigen Leben.

Die Vorstellung eines natürlichen Todes ist bei den heutigen Möglichkeiten der Medizin und Technik kaum mehr durchzuhalten. Deshalb stellen sich Fragen nach lebensverlängernden Maßnahmen oft als Fragen, ob dadurch nicht eher das unausweichliche Sterben hinausgezögert und das Leiden verlängert wird. Auch Überlegungen um Therapieabbruch, etwa bei Dialysepatienten, oder Therapiebegrenzung, die Entscheidung einer Umstellung der kurativen in eine palliative Behandlung berühren die Frage nach der Erlaubtheit, das Leben zu verkürzen oder gar willentlich zu beenden.

Bei der Abfassung von Patientenverfügung, Vorsorgevollmacht und Betreuungsvollmacht spielen die Überlegungen nach dem Ende eines unerträglich gewordenen Leidens, des unverantwortlich langen Siechtums, der Verwirrung oder des Verlustes des Bewusstseins eine entscheidende Rolle. Ein guter Tod, schmerzfrei und ohne Atemnot, in einer friedvollen Umgebung und mit aufmerksamer Pflege, spirituell begleitet, stellt, wenn es so weit ist, eine gute Aussicht dar. Und ist unter den gegebenen Umständen durchaus auch als natürlich anzusehen.

Dass das Leben, das irdische Leben, als Teil der Schöpfung einmalig ist, unwiederholbar und bei seinem Verlust unwiederbringlich ist, gehört zu dem wesentlichen theologischen Verständnis von Schöpfung. Es ist eine Gabe Gottes, dem Menschen anvertraut, dass er es hüte und pflege. Es ist nicht in seiner freien Verfügung, da es mit einem göttlichen Auftrag verbunden ist. Deshalb ist die mutwillige Beendigung eines menschlichen Lebens völlig außerhalb jeglichen christlichen Verständnisses. In den Diskussionen um die Erlaubtheit von Abtreibung bis zum Sterben auf Verlangen, dazu gehört auch die Einstellung zum Suizid, gilt dies für eine christlich verantwortete Position zu bedenken.

Ethisch vertretbare Richtlinien können eine Entscheidungshilfe sein. Im konkreten Fall sind aber die individuelle Situation, die medizinischen Möglichkeiten, die pflegerischen Maßnahmen und auch die familiäre oder häusliche Umgebung mitzubedenken. Die Entscheidung, dem Sterbeprozess nicht mehr entgegen zu wirken, ist auch im christlichen Sinne ethisch zu rechtfertigen. Der Weg zum Lebenssinn wird am Ende des irdischen Lebens zu einem Weg eines sinnvollen Sterbens.

Durch Rückbesinnung die Krise meistern

Bei Krebspatienten kommt es oft zu langen Krankheitsverläufen, in denen sie körperlich und psychisch Höhen und Tiefen, manchmal mit extremen Phasen, durchleben. Hoffnung und Verzweiflung, neue Lebensperspektiven und Aussichtslosigkeiten, Pläne in eine weite Zukunft und ein Ende, das unmittelbar vor Augen steht folgen einander. Die Erinnerung an gute Zeiten in Gesundheit, oft an Reisen oder erfolgreiche Unternehmungen, die Erinnerung an gut überstandene Krisen im Krankheitsverlauf kann Mut machen, eine aktuelle Krise überstehen zu können, kann Kraft geben, auf Zukunft zu hoffen.

Das Grunddatum jüdischen und christlichen Glaubens ist der Exodus, die Befreiung Israels aus der Knechtschaft in Ägypten, die Rettung vor den Verfolgern beim Durchzug durch das Rote Meer, die vierzig Jahre mühsamer Wanderung durch die Wüste und schließlich der Einzug ins gelobte Land. Diese Geschichte ist das Symbol eines Lebensweges, der bei aller Mühe zu einem guten und lohnenden Ziel führt. Das ist der jüdisch-christliche Weg zum Lebenssinn, gerade und trotz der Beschwernisse.

Dasselbe Motiv kehrt im christlichen Glauben in der Auferstehung Jesu wieder. Und es kehrt wieder in der Verheißung der Auferstehung der Toten und der Erlösung der Welt am Ende der Zeit. Der Leitgedanke ist bei all diesen Glaubensbildern, dass es mit Gottes Hilfe ein Hindurchkommen durch schwere Zeiten gibt und dass der Weg nicht ins Leere geht, sondern zu einer Erfüllung in einem unzerstörbaren Leben, in einem unverlierbaren Glück führt.

Sehr plastisch ist das in dem sogenannten Sterbepsalm Jesu am Kreuz formuliert (Psalm 23), der mit der Klage extremster Verlassenheit beginnt: Mein Gott, mein Gott, warum hast du mich verlassen. Und aus der Erinnerung an einmal erfahrene Hilfe (Dir haben unsere Väter vertraut und du hast sie gerettet) neue Hoffnung schöpft (Gott verbirgt sein Gesicht nicht vor mir, er hört auf mein Schreien). Diese Erfahrung teilt der Beter auch anderen in ähnlicher Not mit, damit sie die Hoffnung nicht aufgeben (Ich will deinen Namen meinen Brüdern verkünden ... aufleben soll ihr Herz für immer).

Literatur

- Eberhard Jüngel, Tod, Berlin 1973 (nach wie vor eine überzeugende theologische Grundaussage zu Sterben und Tod).

- Theodor Schneider, Zeichen der Nähe Gottes. Grundriss der Sakramententheologie, Mainz 1979 (eine gut lesbare und immer noch nachvollziehbare katholische Theologie auch zu den Kranken- und Sterbesakramenten).

- Franco Rest, Sterbebegleitung statt Sterbehilfe. Damit das Leben auch im Sterben lebenswert bleibt, Freiburg 1997 (eine nicht so streitbare Streitschrift für den humanen und christlichen Umgang mit Sterbenden).

- Jules Bulliard, Geleite mich zum anderen Ufer. Texte und Gebete für die Begleitung von Sterbenden, Paderborn 1999 (eine geistliche und spirituelle Handreichung).

- Six feet under. Autopsie unseres Umgangs mit Toten, hrsg. vom Kunstmuseum Bern, 2006 (eine aufregende Kultur- und Kunstgeschichte über Tote und die Lebenden als Überlebende, Schwerpunkt Gegenwartskunst.

Ohne Zustimmung geboren –
gegen seinen Willen verstorben

Petra Kunik

Alle 24 Stunden durchleben wir „…es war Abend und es war Morgen der Tag". Viele von uns erleben mit dem Dunkel der Nacht, das Ansteigen von Sorgen und Ängsten. Wir können kein Auge schließen aus Furcht vor der eigenen Zukunft, oder aus Sorge um die Familie. Wie können wir die Kraft aufbringen und konkreten, existenziellen Bedrohungen ins Auge sehen? Wie können wir es schaffen unseren Blick von der Düsternis, von Verwirrungen und Ratlosigkeit, auf einen besseren, lebensbejahenden Morgen zu richten? Die Erkenntnis: „Ich habe mein Leben nicht mehr im Griff" benötigt den Mitmenschen, das Gegenüber, das zuhört, das uns Verständnis, Zuspruch und Liebe entgegenbringt. Der religiöse Mensch kennt die Gewissheit: Auch wenn ich von allen Menschen verlassen wäre, so bin ich doch nicht allein. Jakob aus der Tora, den fünf Büchern Mose, kommt mir in den Sinn. Wie deute ich den Abschnitt Jakob: Allein am Ufer des Flusses Jabbok, allein mit seiner Einsamkeit und voll Angst, was wird der Morgen mir und den Meinen bringen? Ist der Ringkampf mit einem Unsichtbaren, der Jakob aber nicht besiegt, der Kampf mit seinem Gewissen? … Ich folge den Exegeten: Dass das nächtliche mysteriöse Ringen unseres Patriarchen mit einem himmlischen Wesen, ein Gleichnis ist für die inneren Kämpfe, für das Ringen der menschlichen Seele und weiter die ursprüngliche Erklärung: ‚der mit G'TT kämpft'.

Ein Kampf der einsetzen kann, wenn eine Hiobsbotschaft uns erreicht

In der Weisheitsliteratur, die sich mit dem unschuldig leidenden Gerechten beschäftigt, begegnet uns das biblische „Buch Hiob". Mitleid steigt bei dem Bild des vollkommen unglücklichen Hiob hoch, wie der von bösartigen Geschwüren Heimgesuchte auf einem Misthaufen sitzt und sich mit einer Scherbe seine eitrig juckende Haut schabt. Ein Bild des tiefsten Kummers und der Ohnmacht! Doch der hilflos Hiob, der Mann der alles verloren hat, gibt nicht auf, sucht nach Einsichten und Antworten und bleibt in seinem G'TTvertrauen ungebrochen. Hiob, in seiner glücklichen Zeit, ist Vater von sieben Söhnen und drei Töchtern und Eigentümer riesiger Viehherden, niemand kam dem Wohlhabenden und Untadligen an Ansehen gleich. Dieser Mann im Glück wird zum Gegenstand einer Wette zwischen Satan und G'TT.

> Satan bedeutet im Hebräischen „Anschuldiger, Gegner" und hat nichts mit dem Teufel in der Hölle gemein. In der jüdischen Tradition gehört Satan zu den Engeln im Himmel und repräsentiert den himmlischen Staatsanwalt, den Ankläger der Menschen vor G'TT.

Nachdem Hiob seine Herden verloren hat, kommen seine Söhne und Töchter ums Leben. Dann wird Hiob selbst mit schrecklichen Geschwüren und Schmerzen geschlagen. Der Gerechte verflucht G'TT nicht, doch er fragt nach dem „Warum!". Drei Freunde, die Hiob besuchen, um ihn zu trösten, verfangen sich in einem Streitgespräch über die Ursachen von soviel Leid. Hier erleben wir, wie Krankenbesucher sich nicht benehmen sollten, selbstgerecht beharren Hiobs Freunde auf ihren Standpunkten. Teman formuliert die Anschuldigungen der Besucher am klarsten: G'TT schlägt keinen Gerechten! Hiob muss also Unrecht getan haben, doch Hiob ist sich keiner Schuld bewusst. Warum sprechen die Besucher überhaupt von Sünde? Mit ihren Unterstellungen fügen die vermeintlichen Tröster dem Kranken nur noch mehr Schmerzen und seelisches Leid zu. Hiob verliert hier seine Geduld und rebelliert und hadert mit G'TT und verwünscht den Tag seiner Geburt. Als ihm aber seine liebevoll pflegende Frau voll Unverständnis seine beharrliche Frömmigkeit vorwirft, verwirft er ihr törichtes Geschwätz mit den Worten: „Nehmen wir das Gute an von G'TT, sollen wir dann nicht auch das Böse annehmen?" (Hiob 2,10) Und kurz vor dem Ende seines Leidensweges erkennt Hiob im Gespräch mit dem EWIGEN: Das Leid ist auf keinen Fall eine göttliche Strafe, sondern ist und bleibt in seinem Wesen unbegreiflich wie G'TT selbst. Eher könnte es als Prüfung verstanden werden. Entscheidender ist der Umgang mit dem Leid. Nach der Krise erhält Hiob Gesundheit, Wohlstand und Söhne und Töchter, und lebt bis ins hohe Alter. Das Buch Hiob ist für mich das irritierendste Buch in der hebräischen Bibel, doch gleichzeitig tiefsinnig und schmerzlich tröstend.

Was die Geschichten uns lehren können

Den Juden, die Jüdin gibt es nicht. Das Judentum ist in seiner jeweils gelebten Form individuell verschieden, es verweist auf persönliche und kollektive Erfahrungen, weitergegeben von Generation zu Generation, eine
Kette mit unzähligen Gliedern.

> *„Lehret sie eure Kinder, davon zu sprechen, wenn du in deinem Haus
> sitzest und wenn du auf dem Weg gehst, wenn du dich niederlegst und
> wenn du aufstehst.“*   (5. Mose 11,19)

In der hebräischen Bibel begegnen uns, in literarischen Formen festgehalten,
Ereignisse, die sich aufeinander beziehen und andere, die Ähnlichkeiten erkennen lassen und dann Widersprüchliches. Wenn wir auch keine genauere
Vorstellung von G'TT haben, „du sollst dir kein Bildnis machen“, so halten
uns die Überlieferungen in Atem und fordern uns heraus, bis heute.

Wegweiser sind mir die Tora, die fünf Bücher Mose, Beschreibung der
Lebenswege unserer Stammväter und Stammmütter. Weiter die ganze hebräische Bibel, die Bücher der Geschichte, der Kündung und die Schriftwerke.
Die Richter und die biblischen Könige, die Mahnungen der Propheten und
Prophetinnen, sie alle gingen uns voraus, auch mit ihren Unvollkommen-
heiten und ihren Schwächen, waren sie doch Menschen. Oft begegnen mir
beim Lesen der Tora und dem Talmud mehr Fragen als Antworten, dann
wieder finde ich Passagen, die meinen Kummer lindern und Psalmen, die
mich besänftigen und erden. Der Talmud, über Jahrhunderte von Rabbi-
nern und Schriftgelehrten tradiert, schenkt Erklärungen zu Worten und
Ereignissen in der Tora und zu den 613 Ge- und Verboten, *mizwot* und zeigen so Wege, zu einem guten Lebensweg, mit G'TT auf. Unsere Rabbiner
lehren: Auf drei Dingen steht die Welt: auf der Tora, auf dem G'TTesdienst
und der Nächstenliebe. Rabbi Elasar sagte: Groß sind die Taten der Liebe
– sie sind mehr als Wohltätigkeit. Das Judentum kennt Ge- und Verbote,
mizwot, welche in Beziehung des Menschen zu seinem Schöpfer stehen und
mizwot, welche die Beziehungen von Mensch zu Mensch behandeln.

Die Liebe zum SCHÖPFER kann nicht von der Liebe zum Menschen
getrennt werden und umgekehrt.

> *„Groß ist der EWIGE und sehr zu loben
> und SEINE Größe ist unerforschlich!“*   (Psalm 145,3)

In SEINER Weisheit und Allmacht schuf G'TT der HERR alles zu zweit,
als Gegenstück oder besser als Ergänzung zum anderen:

Ohne Krankheit kein Heilsein,
ohne Leben keinen Tod,
ohne Krieg keinen Frieden.
Der EWIGE schuf:
Klug und dumm,
Armut und Reichtum,
das Warum und mit IHM das Warum-nicht.

Und nur so sehen und spüren wir den Unterschied zwischen Ordnung und Tohuwabohu.

Der Mensch

In 1. Buch Moses 1,26 und 1,27 lesen wir:

„Und G'TT sprach:
Lasst uns einen Menschen machen in unserem Bilde nach unserer Ähnlichkeit und sie sollen bewältigen die Fische des Meeres und das Gevögel des Himmels und das Vieh und die ganze Erde, und das Gewürm, das sich regt auf Erden. Und G'TT schuf den Menschen in seinem Bilde, im Bilde G'TTes schuf er ihn; Mann und Weib schuf ER sie. "

Rabbi Akiba ben Joseph (Jerusalem um 50 bis 135) sagte: Geliebt ist der Mensch, denn er ist im Ebenbild erschaffen; aus überreicher Liebe wurde ihm bewusst gemacht, dass er im Ebenbild erschaffen ist, denn es heißt: „*Im Ebenbilde G'TTes machte ER den Menschen.* " Vor dem Mensch wurde alles in der Schöpfung durch das Wort G'TTes erschaffen, nur der Mensch wurde in seiner Einzigartigkeit von G'TTes-Hand gebildet.

Zum Beispiel zu Prediger 12,13: „Denn dies ist der Mensch" lesen wir im Talmud: Schimon, Somas Sohn, sagt: „*Die ganze Welt wurde allein dem Menschen zur Gemeinschaft erschaffen.* " In Gemeinschaft leben heißt in Frieden und Verantwortung leben. Für mich schließt die paradiesische Schalom-Vorstellung die Natur und alle Tiere mit ein. Übereinstimmend sagen Juden, Christen und Muslime: Wir Menschen sind alle von dem ein-einzigen G'TT erschaffen. Folgerichtig sind wir alle Geschwister. Als Persönlichkeit kann der Mensch seine eigene Beziehung zu G'TT aufnehmen.

Agada bzw. Haggada: volkstümliche Erzählungen. Eine Agada zu 1. Mose 3,19: „*...denn vom Erdenboden bist du genommen, und zu Erde kehrst du wieder.* " Um den ersten Menschen zu schaffen, nahm G'TT aus jeder der vier Ecken der Welt ein Stück Erde. Deshalb kann ihn die Erde nicht verleugnen und sich weigern, seinen Körper zu empfangen, ganz gleich, wo er stirbt.

Zu 1. Mose: *„Denn Staub bist du und zum Staube zurück kehrst du. …und blies in seine Nase Hauch des Lebens, und es ward der Mensch zu einem Lebenden-Atmenden. "* lesen wir: Die Erde lieferte nur Adams, beziehungsweise unsere äußere Hülle, von Leben durchdrungen als Herberge der unsterblichen G'TTbegnadeten Seele.

Jüdische Mystiker sagen: Die erste Seele auf Erden war eine allumfassende Seele, an der alle menschlichen Seelen Anteil haben. Daraus folgt im **Talmud**: Adams Seele spiegelt sich in jeder Individualseele wieder. Ein Mensch prägt viele Münzen mit einem einzigen Prägestock, und alle Münzen gleichen sie einer der anderen: Aber der KÖNIG der KÖNIGE, der Heilige, gelobt sei ER, prägt alle Menschen mit dem einen Prägestock des ersten Menschen, und nicht ein einziger von uns gleicht seinem Nächsten. Darum ist jeder einzelne verpflichtet zu sagen:

Um meinetwillen ist die Welt erschaffen worden.

(Talmud, Mischna Sahedrin IV,5)

Bleib dem Leben treu

Rabbi Jochanan, Lehrer im 1. Jahrhundert lehrt: „Der Tod hat keine Tugend", denn in Psalm 115,17 steht: *„Nicht die Toten preisen G'TT… ".* Wir haben das Leben empfangen mit allen Begabungen, die uns zur Verfügung stehen und haben die Aufgabe, das Beste aus unserem Dasein zu machen. Zwischen Körper und Seele besteht eine Wechselwirkung: Daraus ergibt sich: der Mensch muss unbeschädigt, so gesund wie möglich behütet werden. Die jüdische Lehre legt viel Wert auf die Gesundheit und jeder hat die bedingungslose Pflicht, nach Gesundheit zu streben, im Besonderen, wenn wir krank sind. Die Heiligkeit des Lebens verlangt, dass alle Gebote, zum Beispiel die Schabbatgebote zeitweilig aufzuheben sind, wenn es darum geht, ein Menschenleben zu retten. Die Bewahrung des Lebens hat Vorrang vor Gebotserfüllung. Jeder von uns ist aufgefordert, mit allen ihm zu Verfügung stehenden Mitteln, das G'TTliche Geschenk Leben zu erhalten.

Krankheit

Schon die Tatsache allein, dass wir Menschen im Schöpfungsbericht nach dem Ebenbild G'TTes erschaffen wurden, bestärkt die Vorstellung, dass der menschliche Körper nicht allein Wohnsitz der Seele ist, sondern dass ihm auch als ‚Ebenbild' Hochachtung erwiesen werden muss.

Im Talmud lesen wir: Rabbi Jochanan ben Sakkai fragte seine Schüler: „Welches ist die schlimmste Eigenschaft, vor der der Mensch sich hüten muss?" antwortete Rabbi Schimon: „Borgen und nicht zurückzahlen. Es ist einerlei, ob man von den Menschen oder von G'TT borgt." Vielleicht ist dies der Grund des menschlichen Elends: vergessen zu haben, dass das Leben sowohl Geschenk wie anvertrautes Gut ist.

Jeder, jede ist aufgerufen, besonders bei Krankheit oder nach einem Unfall, Verantwortung für das eigene Leben zu übernehmen. Doch wir sollen uns nicht einfach zurücklehnen und warten und warten… Wir dürfen nicht untätig „das" Wunder erwarten! Eigene Anstrengung und G'TTes-Segen, das Wissen der Ärzte und liebevolle Anteilnahme und Pflege kann das Mittel sein, dass „das" Wunder der Genesung auf den Weg bringt.

Dazu ein jüdischer Witz:

> Im Stetel kommen die Talmudschüler, die jeschíwe-bóchrim, zu ihrem Rabbi in die jeschíwe gelaufen. Aufgeregt kurzatmig berichten sie: „Großer rébenju eine Sintflut soll unser Schtetel überschwemmen, packt Eure Habe und die Torarollen auf den Pferdewagen, wir ziehen in die Stadt".
> „Nein", sagt der Rabbi, „ich warte darauf, dass der Ewige mich rettet".
> Das Wasser steigt und die jeschíwe-bóchrim kommen mit Booten: „Großer rébenju, kommt ins Boot, wir rudern Euch ins Trockene."
> „Nein", entgegnet der Rabbi, „ich warte darauf, dass der Ewige mich rettet". Das Schtetel wird überschwemmt. Der Rabbiner steht schon auf dem Dach der jéschiwe. Da kommt ein Helikopter, aus ihm baumelt eine Strickleiter. Die jeschíwe-bóchrim rufen ihrem Rabbi zu: „Großer rébenju fangt die Leiter und kommt zu uns, in das rettende Flugzeug." Doch der Rabbi ruft aufsässig: „Nein, ich warte darauf, dass der Ewige mich rettet".
> Im Himmel ist unser Rabbi hoch empört: „Ich hab' gewartet und gewartet und jetzt bin ich tot! Warum hat der Ewige mich nicht gerettet?" Da erschallt eine Stimme: „Ejwe, habe ich dir nicht die jeschíwe-bóchrim geschickt, dann Boote, dann einen Hubschrauber…"

Was sagt uns der Witz? Manches Wunder erwartet tätige Mithilfe von uns Menschen! So ist jeder Kranke verpflichtet, einen Arzt aufzusuchen und hat die Pflicht, die Anordnungen des Arztes gewissenhaft zu befolgen. Im **Talmud** steht der Appell: *Ziehe in keine Stadt, in der kein Arzt praktiziert.* Das entspricht dem Geist des **Talmuds**, nachdem die Krankheiten zwar im Himmel bestimmt werden, die Aufgabe, sie zu heilen aber Menschenpflicht ist. Gleichzeitig soll der Kranke / die Kranke seine Gebete an den „HEILER aller Menschen" richten, denn die Heilkundigen sind nur Werkzeug G'TTes. „*…denn ICH der EWIGE bin dein Arzt!*"

Der eigene Umgang mit der Krankheit

Gebet in Krankheit aus einem jüdischen Gebetbuch

G'TT in meiner Krankheit wende ich mich an DICH, denn ich bin DEIN Geschöpf.

DEINE Stärke und DEIN Mut sind in meinem Geist und DEINE heiligen Kräfte sind in meinem Körper.

Möge es DEIN Wille sein, mich wieder gesund werden zu lassen.

In meiner Krankheit habe ich gelernt, was wichtig ist und was nicht.

Ich weiß, wie abhängig ich von DIR bin.

Mein eigenes Leid und meine Ängste waren meine Lehrer.

Gib, dass ich dieses wertvolle Wissen nicht vergesse, wenn ich wieder gesund bin.

Tröste mich, G'TT und bring mich in DEINE Liebe

„Heile mich, G'TT, dann bin ich geheilt.

Hilf mir, dann ist mir geholfen." (Jeremia. 17,14)

Gepriesen seist DU, EWIGER, unser G'TT.

DU heilst die Kranken.

Amen

Der **Talmud** zählt vier Quellen auf, die selbst das gefällte Todesurteil vom himmlischen VATER aufhalten können:

1. Wohltätigkeit beziehungsweise Gerechtigkeit (das hebräische Wort *Zadeka*) bedeutet: Nächstenliebe sowie Gerechtigkeit, denn in Sprüchen (10,2) heißt es: „*... Gerechtigkeit rettet vom Tode*".

2. Das Gebet, siehe Psalm 107: Vers 1: „*Danket dem EWIGEN, denn er ist gütig, denn ewig währt SEINE Huld!*" Vers 6,13,19 und Kehrreim 28: „*Und sie schrieen zum EWIGEN in ihrer Not, aus ihren Bedrängnissen rettete ER sie.*"

3. Die Änderung des Lebenswandels kann Leben retten:
Die Tora berichtet von den Einwohnern von Ninive und ihrem sündhaften Tun. Als der Prophet Jonas ihnen ihren von G'TT geplanten Untergang verkündigte, kehrten sie um, zeigten Reue:

„*Als aber G'TT ihr Tun sah,*
dass sie umgekehrt waren von ihrem bösen Weg,
Da bedachte sich G'TT wegen des Übels,
das ER geredet hatte, ihnen zu tun
und ER tat es nicht."   (Jonas 3,10)

4. Namensänderung: Auf den Weg der Änderung, der inneren Umkehr und Buße, der Erneuerung verweist auch das jüdische Brauchtum, dem Gefährdeten einen Ersatz- oder Zusatznamen zu geben. Denken wir an unsere Stammmutter Sarai und unseren Stammvater Abram. Erst nach Abrams Beschneidung und den G'TTlichen Namensänderungen konnte dem Paar ihr Kind Isaak geboren werden:

> *„Und nicht soll fortan dein Name Abram genannt werden; sondern dein Name sei Abraham."* (1. Buch Mose 17,5)
> Ferner sprach G'TT zu Abraham: *„Dein Weib Sarai, nicht nenne ihren Namen Sarai, sondern Sarah sei ihr Name. Und ICH werde sie segnen und gebe dir auch von ihr einen Sohn..."* (1. Buch Mose 17,15)

Rabbiner weisen darauf hin, dass der EWIGE zu beiden Namen das ה (H'e) hinzugefügt hatte, er steht für das Leben. Er kommt im Namen G'TTes YHVH zweimal vor. Aus der Doppelung des H'e im Namen G'TTes lesen wir, dass er ein äußerst bedeutender Buchstabe ist. (G'TTliche Sentenz: *„Ich bin, der ich bin!"* (2. Buch Mose 3,14))

Ein schwerkrankes Kind erhält oft als zusätzlichen Namen Hajim für einen Jungen und Hajia für ein Mädchen. Beide Namen mit H'e und das H'e steht für Leben! Mit der symbolischen Namensänderung bringt man zum Ausdruck, dass der Kranke ein Anderer geworden ist, zum Beispiel durch Gewissensbefragung und Umkehr.
Rabbi Elieser (2. Jhd.) sagte:

> *Einen Tag vor deinem Tode kehre um! Seine Schüler fragen: Aber weiß denn der Mensch, an welchem Tag er sterben wird? Rabbi Elieser antwortet: Um so mehr soll er heute umkehren, vielleicht stirbt er morgen. So ergibt sich, dass er jeden Tag in Umkehr verbringt.*

Der Krankenbesuch – *Sie sollen dir tragen helfen* (2. Buch Mose 18,22)

Krankenbesuch ist mizwa, religiöse Pflicht – ist geheiligte, G'TT-gefällige Tat – ist Verpflichtung – ist Liebespflicht. *bikur cholim* – Krankenbesuch wird zu den Verdiensten gezählt, die erst in der künftigen Welt völlig vergolten werden. Krankenbesuch ist ein G'TTliches Werk, dass G'TT an Abraham persönlich erfüllt: *„der HERR erschien im Hain Mamre"*.

Der EWIGE besuchte Abraham, als dieser am dritten Tag nach seiner Beschneidung geschwächt und leidend in der Glutzeit des Tages vor seinem Zelt lag. Aus der nun folgenden, scheinbar verwirrenden Textfolge in der **Tora**, lesen unsere Rabbiner die Achtung der Kranken in ihrer Würde.

1. Mose 18,1 ...der EWIGE schickte Gluthitze, damit Abraham der Be-
währte nicht durch vorbeiziehende Karawanen belästigt würde, denn Abraham bewirtete jeden der vorbei kam.

2. Mose 18,2 *„Und er hob die Augen auf und schaute drei Männer stehend
bei ihm..."* Die Drei waren gerade dazu gekommen, als Abraham seinen
Beschneidungsverband erneuert. Als sie ihn in seinen Schmerzen sahen,
sagte ER: „Es ist nicht schicklich, hier zu stehen." So entfernten sie sich ein
Stück, damit Abraham nach der Versorgung seiner Wunde seine Besucher
ohne Beschämung empfangen konnte. So lesen wir weiter in Mose 18,2:
   „...da er sie sah, lief er ihnen entgegen".

> Diese folgende Auslegung stammt aus dem Talmud Kapitel *Bawa mezia*. In
> diesen Traktaten begegnen uns Deutungen, die die starre Rechtsauffassung
> erweiternd, auf die Gebote G'TTes als Gebot der Liebe hinweisen.

Wer waren die drei Besucher? Die Erzengel Gabriel, Michael und Raphael.
Gabriel ging um Sodom zu zerstören. Michael war gekommen, um Sarah
ihren Sohn zu verkünden, Raphael kam zum heilenden Krankenbesuch.
G'TT verlässt den Kranken nie. Wie in der **Midrasch** (rabbinische Literatur) belegt, schwebt ER über dem Kopfende, 1.Mose (47,31): *„und als nun
die Tage Jakobs sich dem Tode nahten, betete er über dem Kopfende seines
Bettes, dass danach sein Todeslager wurde..."*. Weiter wird im Volksglau-
ben gelehrt: Wer einen Kranken besucht, setze sich nicht auf sein Bett, weil
es heißt: *„Der EWIGE wird ihn stützen auf seinem Schmerzenslager..."*
(Psalm 41,4) Die **Tora** lehrt (Leviathan 19,18): *„...liebe deinen Nächsten wie
dich selbst. Ich bin der Ewige."* Wer Leidenden begegnet, soll ihnen Anteilnahme, Wohltätigkeit und Liebe entgegenbringen. Im Dienst am Nächsten
realisiert sich der Dienst für G'TT.

Wir sind aufgefordert dem Kranken / der Kranken etwas mitzubringen:
   Ein heiteres Gesicht
   Worte der Ermutigung
   Und inniges Gebet.

Es versteht sich von selbst, dass der Besucher / die Besucherin den Kranken
beruhigen und wenn es Not tut, seine /ihre Befürchtungen zu zerstreuen
sucht. Wir sollen Hoffnung und Hilfe spenden, ohne uns aufzudrängen
oder den Kranken zu stören.

Dazu erzählt unser hoch geehrte Rabbi Raschi (1040-1105) von Rabbi Sofer der in Marienbad erkrankte.

> Zur selben Zeit hielt sich Baron Schimon Rothschild aus Frankfurt am Main ebenfalls in Marienbad auf. Der Bankier war ein streng religiöser Mann. Er stattete dem Rabbiner einen kurzen Besuch ab. Als ihn der Rabbi fragte, warum der Besuch so kurz sei, erwiderte der Baron:
> „Der Talmud folgert den Krankenbesuch aus dem Satz in Exodus 18,20: *... und dass du ihnen kund tust den Weg, den sie gehen sollen.* Aus den Worten *‚den sie gehen sollen'* entnehme ich, dass der Krankenbesuch kurz sein soll, um den Kranken nicht allzu sehr zu belästigen." Der Rabbi stimmte der Auffassung zu. Der Baron Rothschild sagte dazu: Heil der Generation, in der Gelehrte Lehren von Laien annehmen.

Weiter kann Krankenbesuch Leben retten:

> Ein Schüler von Rabbi Akiwa war sehr krank. Keiner kam ihn besuchen. Da kündige Rabbi Akiwa seinen Besuch an. Sofort wurde das vernachlässigte Zimmer des Erkrankten aufgeräumt, wurde mit Wasser gesprengt und gefegt. Als der Rabbiner eintrat, setzte der Kranke sich auf und bedeutete: „Meister, du hast mich aufleben lassen." Nach seinem Krankenbesuch stellte Rabbi Akiwa fest: „Jeder, der einen Kranken nicht besucht, ist, als ob er Blut vergieße."

Während dem Schabbat Morgeng'ttesdienst in der Synagoge können Angehörige vor der versammelten Gemeinde, dementsprechend also die ganze Gemeinde, ein Gebet für einen Kranken / eine Kranke sprechen:

> WER unsere Väter und Mütter Awraham und Sara, Jitzchak und Riwka, Jakob, Rachel und Lea, Mose und Aaron, David und Schlomo segnete, ER segne und heile:

Weiter für Männer:

> Den Kranken (Name) Sohn der (Name der Mutter)
> dafür dass (Name des Bittenden)
> seinetwegen Wohltätigkeit üben wird.
> Dafür erbarme SICH der HEILIGE, gelobt sei ER, über ihn,
> dass er genese und gesunde, ihn zu stärken und beleben.
> ER schicke ihm vom
> Himmel schnell eine
> vollkommene Genesung für seinen ganzen Körper,
> zusammen mit allen Kranken Jisraels, seelische und körperliche Genesung.
> Zwar klagt man nicht am Schabbat,
> doch sei Heilung nahe, jetzt bald in kurzer Zeit, und wir sagen
> Amen.

Weiter für Frauen:

> Die Kranke (Name) Tochter der (Name der Mutter)
> dafür dass (Name des Bittenden)
> ihretwegen Wohltätigkeit üben wird.
> Dafür erbarme SICH der HEILIGE, gelobt sei ER, über sie,
> dass sie genese und gesunde, sie zu stärken und beleben.
> ER schicke ihr vom Himmel schnell eine
> vollkommene Genesung für ihren ganzen Körper,
> zusammen mit allen Kranken Jisraels, seelische und körperliche Genesung.
> Zwar klagt man nicht am Schabbat,
> doch sei Heilung nahe, jetzt bald in kurzer Zeit, und wir sagen
>
> Amen.

Sobald der Zustand des Kranken/der Kranken sich gebessert hat und sie ihr Krankenbett verlassen können, ist der erste Gang zur Synagoge vielleicht, um in der Gemeinschaft des Synagogeng'ttesdienstes ein Dankgebet zu sprechen und den EWIGEN zu loben. Auch oder gerade weil der Mensch unsicher ist, ob er die Wohltat verdient, bekennt der/die Genesene:

> „…so war ER auch mir gütig und tat mir wohl"

Die Gemeinde erwidert von Herzen froh:

> „ER, der dir soviel Gutes tat, sei dir auch weiterhin gnädig".

Immer wieder kann es geschehen, dass die Wissenschaft den Kampf um einen Menschen aufgibt. Selbst wenn die Entscheidung fest zu stehen scheint, sollen wir die Hoffnung nicht aufgeben, denken wir nur an Ninive, der himmlische VATER kann zu jeder Zeit seinen Urteilsspruch umstoßen. Der Jude / die Jüdin darf nie den Kampf um ein Menschenleben aufgeben, nie die aktiven Handlungen für den Erhalt eines Lebens einstellen und seine Gebete. Hiob (13,15) lehrt uns:

> *„Siehe, ER wird mich noch umbringen, und ich habe nichts zu hoffen;*
> *doch will ich meine Wege vor IHM verantworten!"*

Die **Tora** lehrt uns, wer eine Seele zerstört, wird betrachtet, als habe er eine ganze Welt zerstört. Und wer eine Seele rettet, wird betrachtet als habe er eine ganze Welt gerettet (Mischna Sanhedrin 37a).

Literatur

Zum Nachlesen können Sie ihre Bibel benutzen.

• Ich habe meistens: ‚Die vierundzwanzig Bücher der HEILIGEN SCHRIFT‘ Übersetzung von Leopold Zunz / Victoria Goldschmidt Verlag Basel, benutzt.

• Weiter empfehle ich ‚Der TALMUD‘ / Ausgewählt, übersetzt und erklärt von Reinhold Mayer / Orbs Verlag für Publizistik, München (Verlagsgruppe Bertelsmann GmbH)

Die Gebete sind aus:

• SIDUR SEFAT EMET, Übersetzung Rabbiner Dr. S. Bamberger, Viktor Goldschmidt Verlag, Basel

• Das jüdische Gebetbuch / Gütersloher Verlagshaus

Besinnung – das eigentliche Lebensvorhaben

Annemarie Richards

Anthroposophie bedeutet „Weisheit vom Menschen". Sie ist ein Erkenntnisweg, der Anfang des letzten Jahrhunderts von Rudolf Steiner entwickelt wurde, und soll im Gegensatz zu einer Glaubensrichtung zu eigenständiger Forschung auf geistigem Gebiet führen.

> „Anthroposophie ist ein Erkenntnisweg,
> der das Geistige im Menschenwesen
> zum Geistigen im Weltenall führen möchte."
>
> (Rudolf Steiner)

Insbesondere die Freiheit des Einzelnen steht im Vordergrund und vor allem das freie Denken ist der Grundstein einer wissenschaftlich fundierten, geistigen Erkenntnis.

Rudolf Steiner hat Impulse gegeben in den Bereichen der Pädagogik (Waldorfschule), der Medizin, der biologisch-dynamischen Landwirtschaft, der Religion, des Finanzwesens und des sozialen Lebens. Außerdem hat er eine neue Bewegungskunst (Eurythmie) und einen eigenen systematischen Schulungsweg entwickelt.

Das Wesen des Menschen steht im Mittelpunkt jeder Erkenntnis, wobei zunächst in Leib, Seele und Geist unterschieden wird. Diese drei Grundbegriffe der anthroposophischen Menschenkunde differenzierte Steiner dann noch weiter. Für praktische Belange hilfreich ist hier die viergliedrige Unterteilung.

Menschenbild, physischer, ätherischer, astralischer Leib, Ich

Grundlage des Menschenbildes in der Anthroposophie sind die vier „Wesensglieder".

Der Mensch hat zunächst einen physischen Leib, das ist der sichtbare Leib, mit dem wir agieren und den wir mit der mineralischen Welt gemeinsam haben. Den rein physischen Leib sehen wir beim Menschen nur, wenn wir den Leichnam vor uns haben, d. h. wenn alle anderen Kräftewirkungen den Leib verlassen haben.

Unter dem Ätherleib, auch Lebensleib oder Zeitleib genannt, versteht man die Summe der den Körper belebenden Lebenskräfte. Die Lebenskräfte sind auch in der Pflanzenwelt erkennbar. Im Wachsen und in der Fortpflanzung erleben wir die ätherischen Kräfte. Beim schlafenden Mensch sind der physische und der Ätherleib gegenwärtig, denn im Schlaf hat der Mensch kein waches Bewusstsein.

Mit dem Ausdruck Astralleib oder Gefühlsleib beschreibt Steiner das, was Empfindung und Bewusstsein ermöglichen. Dieses Wesensglied ist auch bei den Tieren, insbesondere natürlich den höheren Tieren, zu finden.

Das Zentrum der Persönlichkeit, das Bewusstsein des Menschen von sich selbst, nennt Steiner das Ich.

Die Kräfte dieser vier Leiber sind unsichtbar, ihre Auswirkungen aber spürbar und erlebbar. Sie stehen in einem inneren, geistigen Zusammenhang mit dem gesamten Kosmos. Was die Welt im Großen ist, ist der Mensch im Kleinen. Daher bestehen Beziehungen zwischen Makrokosmos (Welt) und Mikrokosmos (Mensch).

Beispielsweise bestehen auch Zusammenhänge zwischen Planeten, Organen und Metallen, worauf sich die Metalltherapie in der anthroposophischen Medizin gründet.

Man kann das Silber als Beispiel anführen:

Silber hat eine Beziehung zum Mond und somit zu den Fortpflanzungsorganen (der weibliche Zyklus ist ein Mondenzyklus). Silber bindet den Ätherleib stärker an den physischen Leib. Der Ernährungsprozess wird konsolidiert und der Aufbau gesteigert. Silber ist ein Metall, das verwendet wird, wenn Aufbauprozesse durch überstarken Abbau begrenzt oder beschädigt sind, beispielsweise nach einem Schock.

Lebenslauf

Der Leib baut sich im Laufe des Lebens auf bis etwa zur Lebensmitte, ca. dem 35. Lebensjahr, danach überwiegen die Abbauprozesse.

Ein umgekehrter Prozess ist beim Geistigen eines Menschen zu sehen. Der Geist verbindet sich mit dem Leib bis etwa zur Lebensmitte hin; danach findet wieder eine teilweise Loslösung vom Leiblichen statt, der Geist ist mit neuen Erfahrungen bereichert und wird freier.

Zwischen diesen beiden Entwicklungskurven kann sich das Seelische entfalten, das dann entweder aufsteigend dem Geistigen folgen oder absteigend dem Leiblichen nachgeben kann.

Betrachten wir den Menschen vom Gesichtspunkt der Wesensglieder (also physischer Leib, Ätherleib, Astralleib und Ich), so ergibt sich eine differenzierte Darstellung, die sich in 7-Jahresrhythmen vollzieht. Ich möchte an dieser Stelle nur kurze Andeutungen machen.

Während unseres Lebens gehen wir durch mehrere Geburtsprozesse hindurch, die die vier Wesensglieder in Erscheinung treten lassen.

- Zunächst wird natürlich der physische Leib geboren.

- Mit etwa 7 Jahren findet die Geburt des ätherischen Leibes statt. Das Kind entwickelt zum ersten Mal ein Zeitempfinden, die Schulreife folgt.

- Mit ca. 14 Jahren wird der Astralleib geboren, die Jugendlichen kommen in die Pubertät. Eine eigene Gefühlswelt wird entwickelt, die Abgrenzung von der Umwelt erfolgt.

- Mit ca. 18–21 Jahren findet die Ich-Geburt statt, der selbstverantwortete Lebenslauf beginnt. Die selbstgewählte Richtung wird eingeschlagen.

Aufgabe im Leben, individuell und menschheitlich

Jeder Mensch bringt eine individuelle Lebensaufgabe mit in dieses Leben, einen Lebensplan, der vorgeburtlich entstanden ist. Individuell bedeutet, dass der Mensch sich als Persönlichkeit eine Aufgabe mitgebracht hat.

Dementsprechend sucht er sich seine Eltern und sein Umfeld aus. Er bringt Begabungen, Stärken aber auch Schwächen mit ins Leben.

Aber nicht nur der Mensch entwickelt sich individuell weiter, sondern es gibt auch eine menschheitliche Entwicklung. An der Kulturentwicklung zum Beispiel kann man sehen, dass die Bewußtseinsentwicklung immer mehr zum klaren, freien Denken hin geht.

Schöpfungsgedanke, Weltbild

Genau so wie der individuelle Mensch sich in einen Leib inkarniert, um etwas zu lernen und sich weiter zu entwickeln, so wird auch für die gesamte Menschheit diese Entwicklung weitergehen.

Die Menschen waren ursprünglich geistige Wesen ohne physischen Leib, wie wir ihn heute kennen, und werden in der Zukunft wieder zu rein geistigen Wesen werden, so wie sie jetzt umgeben sind von einer Fülle von geistigen Wesen, z. B. Engel, Elementarwesen (Elfen, Gnome u.a.). Rudolf Steiner nennt die Menschen, wenn sie ihr Entwicklungsziel erreicht haben, „Geister der Freiheit".

Vorstellung Zeit, Raum, Ewigkeit

Die Sicherheit in unserem irdischen Leben gewinnen wir durch Raum und Zeit. Als kleines Kind erfassen wir zuerst unsere räumliche Umgebung, d. h. wir kennen sehr früh den Weg zum Nachbarn oder zu einem nahen Freund. Erst mit ca. 7 Jahren jedoch sind wir in der Lage, uns zeitlich zu orientieren, wie z. B. die Uhr zu lesen und die Zeit einzuteilen.

Es ist bekannt, dass etwa ab der Lebensmitte und mit zunehmendem Alter die Zeit scheinbar schneller vergeht. Unsere Empfindung von Zeit scheint also anderen Gesetzen als den äußeren zu unterliegen.

Welche Bedeutung hat die Zeit im Geistigen? Während der Meditation, während außerkörperlicher Zustände? Welche Bedeutung hat sie zwischen Tod und neuer Geburt?

Jeder, der meditiert, kennt das Erlebnis, dass während der Meditation das Gefühl für die Zeit verloren geht und unterschiedliche Phänomene auftreten können: man hat unbeschreiblich viel erlebt und denkt, es müsse ein längerer Zeitraum vergangen sein, aber in Wirklichkeit waren es nur Minuten oder eben umgekehrt.

Im Geistigen gewinnt Zeit eine andere Dimension als wir sie kennen. Die Begriffe „Augenblick" und „Ewigkeit" kommen dem inneren Erleben von Zeit am nächsten und bezeichnen nicht eine zeitliche Ausdehnung, sondern eher einen Zustand der Qualität und der Intensität.

Tod, nachtodliche Zeit

Im Tod legt der Mensch seinen physischen Leib ab. In den ersten drei Tagen nach dem Tod ist der Ätherleib frei; im Ätherleib sind alle Bilder des vergangenen Lebens gespeichert, und in den ersten drei Tagen nach dem Tod ist der Mensch von dieser Bilderwelt umgeben.

Nach drei Tagen löst sich der Ätherleib weitgehend auf, und der Mensch geht in die Zeit des so genannten Kamaloka hinein, die etwa ein Drittel seines Erdenlebens dauert. In dieser Zeit erlebt er sich selbst von außen, er erfährt die Wirkungen und Eindrücke von allem, was er anderen Gutes oder Schlechtes getan hat, nun an sich selbst.

Nach dieser Zeit legt er auch den astralischen Leib ab und behält eine Essenz der Erfahrungen und Früchte seines Lebens bei und begibt sich als geistiges Wesen in die geistige Welt.

Nach einer gewissen Zeit begibt er sich wieder in einen Leib zu einer neuen Verkörperung.

In der Zeit zwischen Tod und neuer Geburt durchläuft er die verschiedenen Planetensphären (Mond, Merkur, Venus, Sonne, Mars, Jupiter, Saturn). Darunter versteht man geistige Bereiche, in denen er mit unterschiedlichen geistigen Wesen zusammen trifft und je nachdem, wie er sein Leben verbracht hat, gestaltet sich auch diese nachtodliche Zeit.

Wiederholte Erdenleben

Die Zeiten zwischen den Leben dienen der Verarbeitung und Verwandlung des verflossenen Lebens.

Wie schon oben erwähnt durchleben wir noch einmal in umgekehrter Reihenfolge alle Stadien dieses Lebens.

Die Früchte dieser Lehrzeit werden dann unter der Mithilfe von höheren geistigen Wesen ausgearbeitet zu Zukunftsplänen für die kommende Inkarnation, d. h. die neue Verkörperung. Das geschieht etwa in der Mitte zwischen zwei Leben.

Der Menschen entschließt sich, wieder eine neue Inkarnation vorzubereiten. Er hat aus seinen Fehlern gelernt und kann nun mit Hilfe der planetarischen Geister Kräfte und Fähigkeiten aufbauen für sein künftiges Leben.

Er sucht ein Elternpaar, welches am besten geeignet scheint und beginnt sich mit Astral- und Ätherkräften zu umkleiden.

Zum geeigneten Zeitpunkt tritt der Mensch seine neue Erdenreise an und nimmt in der letzten Station seiner Reise, dem Mondenbereich, sein „karmisches" Päckchen wieder auf.

Karmagedanke – Freiheit

Hierzu sagt Rudolf Steiner:

> „Wir wissen, dass Karma zunächst bedeutet die geistige Verursachung eines späteren Ereignisses, einer späteren Eigenschaft oder Fähigkeit des Menschen durch ein Vorhergehendes. Gleichgültig, ob diese geistige Verursachung auftritt in einem Leben zwischen Geburt und Tod, oder ob sie sich als das große Schicksalsgesetz der Menschheit durch die verschiedenen Erdenleben hindurchzieht, so daß die Ursachen für etwas in einem Leben Geschehendes in einem vorhergehenden oder einem weit zurückliegenden Leben liegen – dieses Gesetz, dieses umfassende Schicksalsgesetz ist das, was wir Karma nennen..." (Rudolf Steiner, GA 108, S. 95ff).

Alle Menschen haben eines gemeinsam: Sie haben sich im Laufe ihrer verschiedenen Leben vielfach durch ihre Begegnungen und Taten positiv oder negativ verstrickt. Sie haben sich dadurch ein Einzelkarma geschaffen. Persönliche Lebensprobleme können nun mit dem Einzelnen zu tun haben, aber auch Menschengruppen – und die gesamte Menschheit ist ja miteinander verbunden, so dass man auch ein Gruppenkarma und Menschheitskarma berücksichtigen muss.

Insgesamt ist die Karmaauffassung Rudolf Steiners sehr differenziert und komplex. Bei jedem Menschen ist jedoch ein roter Faden erkennbar, der sich durch die verschiedenen Leben dieser Individualität, d. h. dem Ich dieses Menschen, zieht.

Begriff Krankheit, Entstehung

Zum Krankheitsbegriff allgemein kann man sagen, dass sich im Laufe der Zeit einiges gewandelt hat: im 13. Jahrhundert sagte man, Krankheiten kommen von Gott, im 15. Jahrhundert Krankheiten kommen vom Teufel; später sagte man, Krankheiten kommen von den Säften und dann Krankheiten kommen von den Bazillen. All diesen Aussagen liegen immer nur Teilwahrheiten zugrunde.

In unserem westlichen Kulturkreis wird heute Krankheit als etwas zu Vermeidendes, die Entwicklung Störendes angesehen.

Manchmal wird sogar das Leiden als Kennzeichen eines schlechten Schicksals aufgefasst. Man sucht nach Ursachen im Tun des Leidtragenden und bedient sich dieses einfachen Erklärungsmodells. Das kann zu schweren Schuldgefühlen führen und wird dem tatsächlichen Hintergrund des Leidens in keiner Weise gerecht.

Wir nehmen die Gesundheit als etwas Selbstverständliches an und erst, wenn wir krank werden, erkennen wir, dass in unserem Leben etwas falsch läuft. Tatsächlich gehört Krankheit zu unserer Ich-Entwicklung dazu. Krankheit betrifft unsere „Hüllen" (physischer Leib, ätherischer und astralischer Leib). Das Ich (unsere Individualität), das durch viele Leben geht, kann nicht erkranken. Unabhängig vom Ausgang der Krankheit liegt die Aufgabe in einem Wiederaufgreifen von tieferen, individuellen Lebensfragen und im Wiederanbinden an unsere eigentliche Lebensaufgabe und damit an unseren geistigen Urgrund. Die Erkrankung ist also schon ein Schritt zur Heilung. Das Leben ist in einen größeren Zusammenhang eingebunden, in dem wir uns gemeinsam mit der Welt weiter entwickeln.

In der anthroposophischen Menschenkunde gibt es zwei große Gruppen von Krankheiten, die sich zueinander polar verhalten.

Diese beiden Gruppen sind die entzündlichen Krankheiten und die sklerotischen, d. h. die verhärtenden Krankheiten, zu denen auch der Krebs zählt.

Ich möchte zunächst an dieser Stelle kurz die Vorstellung der Dreigliederung des menschlichen Organismus einfügen:

- Nerven-Sinnes-System:

  Es befindet sich vor allem im Kopfbereich mit dem Gehirn und den Hauptsinnesorganen. Hier stehen Ruhe und Formgebung im Vordergrund.

- Stoffwechsel-Gliedmaßen-System:

  Gemeint sind außer den Stoffwechselorganen, die im Bauchraum angesiedelt sind, auch die Bewegungsorgane. Hier finden die Lebens- und Willensprozesse statt.

- Rhythmisches System:

  Es schafft durch die Atmung und den Blutkreislauf einen Ausgleich zwischen Nerven-Sinnes-System und Stoffwechsel-Gliedmaßen-System. Rhythmische Vorgänge dominieren hier (s. u.).

Die polare Betrachtungsweise, wie sie bereits von Goethe vertreten wurde, widerspricht dem linear schulmedizinischen Denken. Gesundheit besteht nicht im Fehlen von entzündlichen oder sklerotischen Tendenzen, sondern in einem dynamischen Gleichgewicht dieser beiden polaren Kräfte.

In der Krankheit befindet sich der Mensch also nur in einem Extrem. Die zugrunde liegende Tendenz entweder zur Verhärtung oder zur Auflösung ist für den Menschen aber notwendig.

Wenn es keine Verhärtungen gäbe, hätte der Mensch keine Knochen und keine Zähne; gäbe es andererseits keine Auflösungen, mit denen die Entzündung zu tun hat, könnte der Mensch nicht wachsen und sich nicht regenerieren, da alte Substanzen nicht weggeschafft werden könnten.

Was bedeutet Gesundheit? Was ist Heilung?

Gesundheit ist also ein aktiver, dynamischer Prozess: das Finden und Bewahren der ausgleichenden Mitte zwischen den oben genannten Tendenzen. Jeder muss dabei seine eigene Mitte finden.

Das Urgesunde hängt mit dem Rhythmus zusammen. Wir sehen beim Rhythmus zwar eine stetige Wiederholung eines Vorgangs in bestimmten Zeitintervallen, aber niemals in genau derselben (sonst wäre es ein Takt), sondern immer in ähnlicher Weise und stets eingebettet in eine höhere Harmonie, beispielsweise der weibliche Zyklus – Mondenrhythmus.

Das rhythmische System steht zwischen dem (relativ) ruhenden Nerven-Sinnes-System und dem (vorwiegend) bewegten Stoffwechsel-Gliedmaßen-System, also wiederum zwischen zwei Polen.

Im rhythmischen System spielen Herz und Lunge eine wichtige Rolle, insbesondere das Verhältnis von Puls- zu Atemrhythmus ist wichtig.

In Ruhebedingungen kommen beim Menschen durchschnittlich auf 72 Herzschläge 18 Atemzüge pro Minute. Das entspricht einem Verhältnis von 4:1.

Dieses Puls-Atem-Verhältnis ist unter anderem ein Maßstab für die vegetative Reaktionslage eines Menschen und somit für die Belastungsfähigkeit, d. h. die Reaktion auf eine Belastung ist umso besser, je mehr der Ausgangswert dem Verhältnis 4:1 entspricht. Das geschieht nachts, weil der Mensch während des Schlafes in kosmische Rhythmen eingebunden ist.

Charakteristisch für eine Krebserkrankung ist ein eigendynamisches wucherndes Zellwachstum, das nicht in ein Höheres, nämlich den Körperbauplan bzw. den Organbauplan eingebunden ist. Die Zellstruktur und der Zellteilungsrhythmus sind gestört.

Damit verbunden ist auch ein Herausfallen aus anderen Rhythmen, beispielsweise dem Wärmerhythmusgeschehen. Dieses Prinzip macht man sich bei der Misteltherapie zunutze.

Ein Wiedereinbinden in einen höheren Plan und das Zurückführen in den natürlichen Rhythmus führt wieder zur Gesundheit, dieses Einbinden muss jedoch auf allen Ebenen – körperlich, seelisch und geistig – erfolgen.

Die Diagnose Krebs bedeutet zunächst immer ein Schockerlebnis für den betroffenen Menschen und seine Umgebung. Viele stellen sich die Frage „warum gerade ich?" oder „wie soll es nun weitergehen?" oder „was habe ich falsch gemacht?".

Aber eigentlich ist es tiefer gesehen die Frage nach dem eigenen, individuellen Lebensplan, nämlich „was will ich eigentlich in diesem Leben?".

Die Antwort muss nicht etwas Großartiges sein, sondern damit ist vielleicht einfach gemeint der Umgang mit den Menschen, denen wir nahe stehen und denen wir im Leben begegnen.

Dazu gehört unter Umständen auch die Bereinigung von ungeklärten Dingen in Beziehungen, zwischenmenschlich oder auch nur für einen selbst.

Vielleicht haben wir mit diesen Menschen eine Aufgabe; manchmal liegt diese Aufgabe sogar erst in der Zukunft.

Es könnte auch der Wunsch sein, den Beruf oder die Tätigkeit zu wechseln und endlich einmal das zu tun, was man schon immer machen wollte.

Krankheit kann auch den Impuls geben, auf tiefere Daseinsfragen einzugehen. Sie kann als Chance verstanden werden, den Mut zu entwickeln, neue Bereiche wie z. B. die Meditation zu entdecken. Meditation ist auch eine Form der Begegnung mit sich selbst.

Durch Meditation können wir ebenso wie in der Begegnung mit anderen eine Verbindung schaffen zu den heilenden Kräften und Wesen, die uns umgeben, beispielsweise mit der Engelwelt. Jeder Mensch hat seinen ihn begleitenden Engel, der ihm auch in problematischen Lebenssituationen zur Seite steht. Er kann ihm zwar keine Entscheidungen abnehmen oder bestimmte Ereignisse verhindern, aber er sieht alles in einem größeren Zusammenhang. Ihm liegt vor allem unsere Seelenentwicklung am Herzen, nicht der äußere Erfolg. Er kann uns eine Hilfe sein, indem er uns Wege weist, die wir selber vielleicht noch gar nicht zu sehen in der Lage wären. Nur sollten wir bereit sein, uns auf eine aktive und ehrliche, meditative Begegnung mit ihm einzulassen. Wir können so die Kraft finden, aus einer tieferen Erkenntnis heraus unser Leben selbst zu gestalten und Änderungen herbeizuführen, die die Heilung unterstützen.

Auf Grund meiner langjährigen Erfahrung gerade mit Krebspatienten lässt sich sagen, dass die Kräfte, die aus der heilenden Begegnung mit sich selbst und mit anderen entstehen, wesentlich zum positiven Verlauf der Therapie beitragen.

Es gibt z. B. eine Übung, die sehr spannend ist. Man versucht sich einfach vorzustellen, man wäre im Körper eines anderen Menschen und stellt sich die Frage „Wie würde sich dieser Körper verändern, wenn ich darin eine Zeit lang leben würde?" Wir haben andere Gewohnheiten als der andere, andere Fähigkeiten, andere Schwächen, andere Krankheiten. Denn durch das, was wir jeden Tag tun, denken und fühlen, wirken wir sehr stark auf unsere leibliche Konstitution ein.

Es ist also möglich, auf eine schwere Krankheit auch von innen her Einfluss zu nehmen. Etwa indem wir Gewohnheiten ändern, uns neue Fähigkeiten aneignen, auf andere ganz neu zugehen, einen neuen Zukunftsimpuls fassen oder uns von dem inneren Zwiegespräch mit uns selbst bzw. unserem Engel inspirieren lassen. So kann jeder Tag einen neuen Impuls bringen und ein Anfang sein.

Christologie und Schulungsweg

Die Anthroposophie ist aus der westlichen Kultur und Philosophie heraus entstanden und hat eine enge Verbindung zum Christentum. Der Opfertod des Christus wird als das einschneidende Ereignis für die gesamte Erd- und Menschenentwicklung gesehen. Der Christus hat aber nicht nur Bedeutung für die Christen, sondern für alle Menschen, völlig unabhängig von ihrer Glaubensrichtung.

Wäre der Opfertod und die Auferstehung des Christus nicht gewesen, wäre die Menschheit durch eine zu starke Verbindung mit der Materie und damit der Abschnürung vom Geistigen in einen geistigen Tod gegangen. Es entstand durch das Opfer des Gottessohnes eine umfassende Kraft, die sich mit der Erde verbunden hat. Dadurch wird es uns Menschen möglich, immer wieder die inneren Auferstehungskräfte in uns zu wecken und wieder die Verbindung mit der geistigen Welt herzustellen, aus der wir ja stammen.

Rudolf Steiner hat sich sehr intensiv mit der biblischen Schöpfungsgeschichte beschäftigt und sieht darin das Wirken zahlloser Geistwesen, die uns in unserem Leben begleiten, wie zum Beispiel auch die Engel. Diese auf seiner geistigen Forschung beruhenden Erkenntnisse hat er in seinen Schriften und seinem Vortragswerk dargelegt. Rudolf Steiner steht damit nicht im Widerspruch zur Kirche, sondern er sucht nach einem von tieferer Erkenntnis durchdrungenen Verständnis.

Der anthroposophische Schulungsweg, der zu solcher Geistesforschung führt, basiert auf Erkenntnis und der Entwicklung des freien Denkens. Alles was man tut, soll man bewusst tun, wir sollen nicht blind einem Lehrer oder Guru folgen, sondern uns durch eigene Urteilsfähigkeit und ein Wissen um den Weg immer wieder neu und frei für diesen Weg entscheiden. Das Denken spielt hierbei eine entscheidende Rolle.

Der Weg soll dahin führen, dass das Denken als Kraft erlebt wird und nicht gebunden an materielle Inhalte. Dadurch wird das Denken zum freien Denken und dieses damit zu einem ersten Schritt in eine real erlebbare Geistigkeit. Durch fortgesetzte Konzentration, Meditation und Arbeit am eigenen Charakter bzw. dem eigenen moralischen Verhalten wird es dann möglich, selber Einblicke in die realen, geistigen Daseinsbereiche zu gewinnen.

Jeder Mensch kann unabhängig von Herkunft, Glauben oder Kulturkreis durch geistige Übungen und eigenes Denken zu Erkenntnissen auf geistiger Ebene gelangen.

In seinem Buch „Wie erlangt man Erkenntnisse der höheren Welten?" schreibt Steiner als ersten Satz: „Es schlummern in jedem Menschen Fähigkeiten, durch die er sich Erkenntnisse über höhere Welten erwerben kann".

Literatur

Auf Grund der Tatsache, dass sich die überwiegende Mehrzahl der in Frage kommenden Literatur an bereits Fachkundige und Ärzte richtet, kann ich nur wenige Bücher als Einstieg empfehlen:

- „Anthroposophisch orientierte Medizin" von Dr. med. Otto Wolff, erschienen im Verlag Freies Geistesleben, 1977, letzte Auflage 1996.

- „Wie erlangt man Erkenntnisse der höheren Welten?" von Rudolf Steiner, erschienen im Rudolf Steiner Verlag Dornach (Schweiz).

- „Die Geheimwissenschaft im Umriss" von Rudolf Steiner, erschienen im Rudolf Steiner Verlag Dornach (Schweiz).

- „Philosophie der Freiheit" von Rudolf Steiner, erschienen im Rudolf Steiner Verlag Dornach (Schweiz).

- „Die Offenbarungen des Karma" von Rudolf Steiner, 11 Vorträge gehalten 1910 in Hamburg, erschienen im Rudolf Steiner Verlag Dornach (Schweiz), 8. Auflage 1992.

Die Sicht des Buddhismus

Geborgen – im Strom des Lebens

C. Weishaar-Günter

Der Buddhismus als existenzielle Suche

Der Buddhismus nimmt direkt bei unserem Thema seinen Ausgangspunkt. Wir sehen das an der Lebensgeschichte des historischen Buddha: Erst nach sehr plötzlichen und unerwarteten Begegnungen mit Altern, Krankheit und Tod macht sich der verwöhnte Prinz Siddhartha auf den Weg der spirituellen Suche, die in seinem Erwachen als Buddha gipfeln sollte.

Die Legende konfrontiert uns mit zwei Lebensentwürfen: Im ersten Teil seines Lebens erleben wir den Prinzen, der sich ganz den weltlichen Genüssen und Aufgaben (Erwerb beruflicher Kompetenzen, Familiengründung) hingibt. Die Verdrängung von Grundtatsachen des Lebens, insbesondere der Vergänglichkeit aller weltlichen Errungenschaften, ist hier bestimmend. In der Geschichte des Buddha wird das dahingehend überzeichnet, dass der Vater sogar ein Verbot erlassen haben soll, den Prinzen jemals mit Krankheit, Alter oder Tod zu konfrontieren, um ihn gezielt von spirituellen Gedanken fernzuhalten und ihn damit zu einem besonders effizienten Nachfolger zu erziehen. Eine Geschichte, die fast modern anmutet und sich doch vor 2500 Jahren in Nordindien zugetragen haben soll.

Hat man lange Zeit in dieser Art des „Paradieses" gelebt, können uns Alter, Krankheit und Tod nur als Schock überraschen. Der zukünftige Buddha war schon dreißig Jahre alt, als ihm plötzlich bewusst wurde, wie prekär das menschliche Leben wirklich ist. Es ließ ihm keine Ruhe mehr, die Verdrängung war ihm unmöglich geworden und die spirituelle Suche nach dem, was als Natur des Universums hinter diesem unheimlichen und grausamen Schicksal jedes Einzelnen steht, bestimmte den zweiten Teil seines Lebens, der in Erleuchtung und einer noch vierzig Jahre währenden Lehrtätigkeit gipfelte.

Wir sehen bereits an dieser konstituierenden Legende vom Leben des Buddha selbst, dass der Buddhismus genau dort seinen eigentlichen Ausgangspunkt nimmt, wo uns oberflächliche Beschäftigungen allein mit den Ablenkungen des Alltags nicht mehr befriedigen.

Buddhistische Methoden, insbesondere die Achtsamkeitsmeditation im Hier und Jetzt oder Übungen zur Entwicklung von Liebe und Mitgefühl, verbreiten sich zwar im Westen und lassen sich mühelos und erfolgreich auch mit einem rein diesseitig orientierten Leben verbinden, das eher dem Lebensentwurf des Prinzen Siddhartha entspricht.

Aber das eigentliche Anliegen des Buddhismus geht über kurzfristiges Wohlbefinden hinaus. Das deutet der erste Satz in der Geistesschulung der tibetischen Sakya-Tradition an: „Wer an diesem Leben haftet, ist kein Buddhist." Damit ist nicht gemeint, dass Buddhisten als Miesepeter auf die Freuden des Lebens verzichten sollten, sondern dass ihre Suche tiefer gehen und die existenzielle Situation von uns allen über viele Einzelleben miteinbeziehen sollte.

Dieses existenzielle Fragen kann nur durch die Begegnung mit Krankheit, Alter und Tod in Gang gesetzt werden. Dabei sagt man, dass eine direkte Konfrontation mit diesen Themen tausendmal wertvoller sein kann als jedes Nachdenken darüber. In Asien erleben wir sehr oft, dass die Menschen als gebürtige Buddhisten zunächst eher mit ihren weltlichen Anliegen in den Tempel gehen und erst ernsthaft nach einem Meditationslehrer suchen, wenn sie ein persönlicher Schicksalsschlag ereilt hat.

Aber natürlich sollte man möglichst nicht so lange warten. Buddhistische Meister empfehlen, sich täglich innerlich mit Vergänglichkeit, Krankheit und Tod auseinanderzusetzen, um unsere spirituelle Suche zu inspirieren, zu tragen und uns mit der Natur des Universums vertraut zu machen.

Spirituelle Suche – wozu?

Viele Menschen schrecken jedoch vor diesen Themen zurück und meinen, durch Verleugnung dieser Grundtatsachen glücklicher zu leben.

Der Buddha lehrt uns, dass es sich hier um einen Trugschluss handelt. Solange wir uns nur weltliche Ziele setzen, erleben wir ein inneres Getriebensein, das uns vor der Einsicht bewahren soll, dass wir wieder und wieder auf Sand gebaut haben. Heitere Zufriedenheit ist nicht wirklich möglich, solange wir nicht wagen, unsere Perspektive zu erweitern. Unsere jetzige Lebenswelt bildet nur einen kurzen Moment in einem großen Strom von Erfahrungen. Diese Erkenntnis bleibt jedoch wirkungslos, wenn sie als bloßes Lippenbekenntnis formuliert wird (etwa als lapidares „Wir sterben alle"), sondern damit sie unser Leben transformiert, sollten wir sie wirklich im Herzen zu verstehen. Allein dadurch ergibt sich eine gewisse Lösung der inneren Anspannung und eine erhöhte Fähigkeit, unsere natürliche Verbundenheit mit anderen Wesen zu spüren.

Das Ziel des Buddhismus weist jedoch mit der Erleuchtung weiter auf zwei Ebenen der Wirklichkeit, die uns gewöhnlichen Menschen nur ahnungsweise zugänglich sind. Wir können im Moment nur die Erfahrungen des jetzigen Lebens überblicken und dabei bestätigen, dass das, was wir heute sind, geprägt ist durch das, was wir von Geburt mitgebracht haben, wem wir begegnet sind, wie wir von Moment zu Moment reagiert haben, welche Entscheidungen wir getroffen haben. Mit Geburt und Tod stehen wir jedoch vor einem Fragezeichen. Es ist Teil der Erleuchtung des Buddha, zu erkennen, dass auch frühere und spätere Lebensformen durch unseren Bewusstseinszustand bestimmt sind. Mit anderen Worten: Der Strom unserer Erfahrungen reißt mit dem Tod nicht ab und trägt uns in zukünftige Leben weiter. Die Pflege unseres Bewusstseinszustands ist also weit über unser kurzes Leben hinaus wesentlich, um konstruktiven Anteil an dieser Welt nehmen zu können. Aus buddhistischer Sicht prägen die Bewusstseinseindrücke, mit denen wir sterben, die Erfahrungen eines nachfolgenden Wesens, geradeso, wie vorausgehende Lebensphasen unser jetziges Leben geprägt haben. „Zufall“ im westlichen Sinn gibt es im Buddhismus nicht. Der Mensch muss zwar sein jeweiliges körperliches wie geistiges Erbe akzeptieren, aber er kann in jedem Moment durch seine Lebensweise Einfluss darauf nehmen, wie es weitergeht, im Leben wie im Tod. Das Wissen um unsere Sterblichkeit läßt sich positiv umsetzen in ein bewussteres, reiferes, verantwortungsbereites Leben bis zum Schluss. Dieses Erfahrungskontinuum ist die sogenannte „relative“ Wirklichkeit.

Darüberhinaus sprechen alle Schulen des Buddhismus von einer „letztendlichen“ Wirklichkeit, die als Hintergrund unserer Existenzenkette nur mit Hilfe der Meditation zunächst erahnt, später als gelebte Realität zu erfassen ist. Die philosophischen Aussagen zu dieser „letztendlichen“ Wirklichkeit unterscheiden sich in Details; zitieren wir hier als nur ein Beispiel das Uttaratantra Shastra (Asanga/ Maitreya, Indien circa 4. Jh.):

> „So wie die Welten immer wieder im weiten Raum entstehen und vergehen, so entstehen auch die Sinnesorgane und lösen sich wieder im ungeschaffenen Raum auf.
>
> So wie der weite Raum nie durch Feuer zerstört wird, lässt sich auch unsere tiefste Natur niemals durch die Feuersbrünste von Tod, Krankheit und Alter zerstören.“

Wir können also die Zuversicht haben, dass unsere individuelle Existenz (hier mit „Sinnesorganen" als Erfahrungsträger beschrieben), gleichgültig ob wir sie in Glück oder Leid, als männlich oder weiblich, alt oder jung erleben, als Ausdruck des Universums kein so dramatisches Geschehen ist, wie es uns aus der Sicht des Ego erscheint. Klassische Beispiele aus demselben Text vergleichen unsere eigentliche Natur mit einem „Buddha in einem Lotos" oder mit „Gold, das in Erz verborgen ist": Buddha bzw. Gold stehen für die guten Qualitäten, die stets vorhanden sind und tatsächlich die gesamte Weisheit, Verbundenheit und Kraft des Universums beinhalten. Sie können sich jedoch aufgrund innerer Hindernisse (angeborene Ichbezogenheit, starke Gewohnheitsmuster) zunächst nicht in ihren wunderbaren Eigenschaften zeigen. Diese Hindernisse werden hier durch die Schleier der Lotosblätter bzw. des umgebenden Erzes beschrieben.

Der Sinn der spirituellen Suche ist somit zweifach: Zum einen ermutigt sie uns zur Pflege unseres Bewusstseinszustandes, die sich bis zum letzten Lebensmoment lohnt, weil unser Bewusstsein prägend auf weitere Existenzformen wirkt. Zum anderen wird das Bemühen um die Entdeckung unserer tiefsten Natur zur Entfaltung immer weiterer guter Qualitäten in uns führen, ein Prozess, der vom ersten Moment an (also weit vor jeder direkten Erkenntnis) konstruktiv auf uns selbst und andere wirkt.

Krebs – Warum gerade ich?

Bisher haben wir uns mit der allgemeinen Einstellung des Buddhismus zu existenziellen Fragen beschäftigt. Wir haben gesehen, dass sie uns über die Alltagsfragen hinaus führen sollen.

Was jedoch, wenn wir wirklich unter einer schwerwiegenden Krankheit leiden – z. B. Krebs? Erscheint es uns dann nicht ein wenig abgehoben, uns über die Vorteile von Lebenskrisen zu ergehen, um dahinter tieferen Sinn zu suchen? Wird uns nicht vielmehr die Frage quälen: „Warum gerade ich?" und nicht so leicht zu befriedigen sein?

Der Buddhismus spricht in jeder Situation von auslösenden Umständen (tib. *rkyen*) und tieferen Ursachen (tib. *rgyu*).

Auslösende Umstände lassen sich oft erkennen – z. B. führt der Frühlingsregen zum Wachstum bestimmter Samen. Sollten bestimmte Gewohnheitsmuster (z. B. Rauchen) unserer Erkrankung zugrunde liegen, können wir diese Muster sehen und daran noch ändern, was gerade möglich ist. Wichtig ist jedoch, sich nicht in Schuldgefühlen zu ergehen, sondern uns liebend anzunehmen: „Aus meiner damaligen Sicht war das Rauchen irgendwie richtig und notwendig." Das Schulddenken ist dem Buddhismus so fremd, dass es dafür im Tibetischen nicht einmal einen Begriff gibt!

Tiefere Ursachen liegen nicht in unserer Hand. Sie liegen in dem Erbe, das wir bei unserer Geburt angetreten haben. Was könnten wir dafür, wenn wir von unseren Eltern ein Krebsgen mitbekommen haben? Die Eltern wollten das genauso wenig wie wir selbst. Hinzu kommt im Buddhismus noch ein geistiges Erbe, das nicht von unseren Eltern stammt, sondern aus dem Erfahrungskontinuum vergangener Wesen. Auch hierin können tiefere Krankheitsursachen verborgen sein. Sie sind jedoch prinzipiell für gewöhnliche Menschen nicht erkennbar. Der Buddha rechnet sie zu den „Wahrheiten der Edlen", d. h. nur wer die Natur der umfassenden Realität kennt, kann eventuell Verbindungen erkennen, die die Perspektive eines einfachen Menschen, die auf eine einzige Lebenszeit beschränkt ist, bei weitem übersteigen.

Für Personen, die sich zuviele Sorgen um das „warum und wieso" machen, gab der Buddha das inzwischen traditionelle Beispiel vom brennenden Haus: Wenn unser Haus brennt, ist es erst einmal völlig unwichtig, wie das Feuer entstanden ist. Entscheidend ist, das Feuer einzudämmen und uns zu retten (in unserem Fall: mit der Krankheit zurechtzukommen). Erst wenn wir das Haus verlassen haben (hier: die Natur der Realität erkannt haben), macht es wirklich Sinn, nach der Brandursache zu fragen. Zunächst können wir nur den Brand eindämmen, indem wir Stroh usw. (die auslösenden Umstände) beiseite räumen. Zuviele Fragen, deren Beantwortung derzeit außerhalb unserer Möglichkeiten liegt, würden uns dabei nur behindern. Im Vimalakirti-Sutra (früheste Versionen um Christus) heißt es:

> „(Ein Freund sollte dem Kranken beistehen mit Worten) über die Vergänglichkeit des Körpers, nicht jedoch mit Ablehnung des Körpers. Er sollte ihm sagen, dass der Besitz eines Körpers Leid mit sich bringt, er sollte jedoch nicht von den Freuden des Nirvana sprechen... Er sollte von Reue über vergangene Fehler sprechen, aber er sollte auch abraten, zu tief über diesen zu brüten."

Unserem westlichen Geist, der stets einen lieben (oder bösen) Gott verantwortlich machen will, scheint diese Art der schlichten Akzeptanz besonders schwer zu fallen. Aber diese stille, praktisch orientierte Haltung lässt sich meditativ üben. Zudem bietet der Buddhismus eine Fülle an Methoden an, wie wir Lebenskrisen, woher auch immer sie kommen, so umwandeln können, dass sie uns letztlich von Nutzen sind.

Was kann ich tun?

Akzeptanz auch der eigenen Rebellion

Wichtig ist, uns erst einmal ganz und gar anzunehmen. Dazu gehört auch unser innerer Widerspruch, unsere Rebellion, unser Nicht-Einsehen. Dazu setzt man sich einfach nur still hin, beginnt mit ein paar Wünschen (z. B.: Möge ich Ruhe, Weisheit, Mitgefühl, Gelassenheit finden...) und beobachtet dann einfach nur, was im eigenen Geist geschieht. Dabei verfolgt man keinen einzigen Gedanken, sondern nimmt nur wahr: „Ah, Aufregung." „Ein Vorwurf." „Ein Gedanke des Selbstmitleids". Diese kurze Benennung hilft uns, Abstand zu gewinnen und uns einfach nur zu sehen, wie wir gerade sind. Alle diese Gedanken und Emotionen sind nur Bewegungen des Geistes, weder anzunehmen noch abzulehnen. Schon nach ein paar Minuten lässt man es wieder gut sein, schließt noch einmal mit guten Wünschen ab und wiederholt das Ganze so oft wie möglich. Es ist ohne Weiteres möglich, diese Art der inneren Akzeptanz und Achtsamkeit ganz allein zu üben, aber Übungsgruppen, wie sie derzeit immer häufiger auch außerhalb buddhistischer Kreise angeboten werden, sind sehr zu empfehlen, weil sie uns helfen, bei der Stange zu bleiben.

Liebevoller Umgang mit dem eigenen Körper

Wichtig ist auch, unseren kranken Körper niemals als Feind zu betrachten. Er tut, was er kann, um uns das Leben zu ermöglichen. Vielleicht finden wir selbst Signale, wie wir ihn unterstützen können. Wir sollten unserem Körper dankbar sein, dass er uns in dieser Existenz bisher so weit unterstützt hat und versuchen zu spüren, ob es etwas gibt, womit wir ihm für seine Dienste danken können.

Sogar harte Chemotherapie als Unterstützung des Körpers betrachten

Manche Menschen beginnen eine Art Kampf mit dem Körper, wenn sie insbesondere die harten Methoden der derzeitigen Krebstherapie benötigen (Operation, Chemotherapie, Strahlentherapie). Diese Einstellung ist sehr kontraproduktiv. In der tibetischen und chinesischen Medizin dient jede Maßnahme dazu, dem Körper zu helfen, sein Gleichgewicht wiederzufinden. Wenn wir tiefer darüber nachdenken, verfolgen jedoch auch die schulmedizinischen Methoden nur den Zweck, z. B. die Krebsmasse so weit zu reduzieren, dass der Körper selbst damit fertig werden kann. Westlich oder östlich, keine Therapie gelingt ohne den Gesundungswillen und die Selbstheilungskraft des Körpers. Wir sollten unseren Körper wertschätzen und seinen Lebenswillen unterstützen, so lange wir ihn spüren können. Ein kranker Körper ist ein leidender Freund, kein Feind.

Pflege des Lebens im Hier und Jetzt

Gerade bei einer Krebserkrankung wissen wir oft nicht, ob das Leben oder der Tod siegen werden. Wenn wir damit umgehen lernen, werden wir jeden Moment wertschätzen lernen. Jeder Blick, den uns unsere Augen ermöglichen; jeder Ton, den wir dank unserer Ohren wahrnehmen können; jede noch so geringe freundliche Geste anderer – alles wird verstärkt wahrgenommen und kann uns, so wir denn offen dafür sind, mit einer zuvor unbekannten Dankbarkeit erfüllen.

Hier finden wir den Ausgangspunkt zu den spirituellen Dimensionen, die eingangs erwähnt wurden: Inspiriert durch eine Krankheit, beginnen wir oft endlich, den Wert unseres kostbaren Seins wahrzunehmen und nach tieferen Perspektiven zu fragen, anstatt uns in Alltagsgeschäftigkeit zu verlieren.

Achtsamkeit für die Bedürfnisse anderer

Unsere Krankheit zeigt uns viel über das Leben im Allgemeinen: Krankheit, Alter und Tod betreffen uns alle, die eigene Betroffenheit schützt uns jedoch vor Arroganz. Sie hilft uns, wirklich zu fühlen und zu verstehen, was uns alle früher oder später betrifft. Krankheit ist eines der wichtigsten Tore zur Entfaltung von Liebe und Mitgefühl, die ihrerseits wieder Raum geben für Weisheit und eines fernen Tages für das Verständnis der Natur der Realität selbst.

Zum Medizinbuddha heißt es: „Aufgrund seiner eigenen Krankheit sollte er Mitleid mit allen anderen Kranken haben. Er sollte sich der Leiden während der unzähligen Äonen von vergangenen Leben bewußt sein und deshalb an den Nutzen aller Wesen denken. Trauer und Verdruß sollte er keinen Raum geben, sondern stattdessen die Kraft des Strebens entwickeln. Er sollte zu einem König der Medizin werden und alle Krankheiten heilen."

Vorbereitung auf den Tod

Schließlich kann es sein, dass sich der Tod tatsächlich als unausweichlich ankündigt. Hier sollten wir froh sein, dass sich uns noch Zeit zur Vorbereitung bietet und alles Hadern mit dem Schicksal überwinden. Nun also soll es sein; was für einen Unterschied würde es aus dem Abstand von nur fünfzig Jahren machen, ob mich der Tod heute ereilt hat oder in vierzig Jahren? Auch alles, was ich noch hätte erreichen wollen, welche Bedeutung hat es wirklich? Wichtiger ist, dass mein Leben konstruktiv für mich und andere ist und konstruktiv endet.

Ein voraussehbares Ende gibt uns die Chance, unseren Besitz noch sinnvoll zu verteilen und unsere Verantwortung in guter Weise zu übertragen. Wenn unsere äußeren Verhältnisse geklärt sind, gilt es vor allem, jede Art von Bitterkeit aufzulösen, nun sterben zu müssen. Eines Tages ist es auf jeden Fall so weit, und niemals wäre es der rechte Zeitpunkt gewesen...

Es sind vor allem Denkweisen, die wir üben können. So sollten wir bis zum letzten Moment nicht müde werden, unserer Umwelt mit Neugier und Wissbegier zu begegnen. Die Geisteseindrücke des Lernens setzen sich fort... Während man bei uns über Achtzigjährige lächelt, die noch Medizin studieren wollen, weil sie den Beruf in diesem Leben nicht mehr ausüben werden, sind in Tibet Menschen geachtet, die in dieser Weise geistige Prägungen legen und an Umwelt und zukünftige geistige Erben ihres Bewusstseinskontinuums weitergeben. Zu keinem Moment ist es zu spät, der Zug ist bis zur letzten Sekunde nicht abgefahren!

Einübung von Denkweisen für den letzten Moment

In der Vorbereitung auf den Tod ist es wichtig, sich möglichst vorher in den Gedanken zu üben, die uns am Schluss prägen und weiterführen sollen. Auch Gesunde sollten in dieser Weise „allzeit bereit" sein, denn wie oft trifft uns der Tod aus heiterem Himmel, ohne die bewusste Vorbereitung, die das Privileg Schwerkranker darstellt! Wenn wir darüber nachdenken, werden wir merken, ob es noch etwas zu klären gibt, ob noch Aussprachen nötig sind, ob noch Menschen zu treffen sind. Sind wir mit uns so weit im Reinen, dass wir gehen können? Für einen Buddhisten sollte die Antwort in jedem Moment „ja" heißen, aber die meditative Vorwegnahme des Todes ist oft nicht stark genug. Hier sehen wir wieder, welche Chance es sein kann, den Tod kommen sehen zu dürfen.

Unvermeidliche Schmerzen annehmen

Leider sind die ersten Phasen des Todesprozesses oft schmerzhaft (der Buddhismus geht davon aus, dass zwischen Atemstillstand und Totenstarre noch subtilere Todesstadien folgen, die sehr fein und schmerzfrei sind). Alle Schmerzen, die wir während der Krebstherapie aber auch als relativ Gesunde z. B. bei grippalen Infekten erleben, lassen sich nutzen, um den Umgang mit Schmerz zu erlernen und dabei geistig klar zu bleiben. Wir sollten nicht nur negativ gegen den Schmerz kämpfen, sondern ihn als Übungschance erkennen, die es uns im Tod ermöglicht, auf das Wesentliche konzentriert zu bleiben.

Akzeptanz des natürlichen Todes

Letztendlich, offiziell gesund oder krank, ist es wichtig, sich des Todes als des natürlichen Lebensendes bewusst zu bleiben. Wir werden es genauso wenig vermeiden können wie alle anderen. Beim Wechsel der Jahreszeiten, beim Älterwerden unserer Freunde, bei Todesfällen in unserer Umgebung – unsere Wahrnehmung wird keine Grenzen dabei kennen, wann und wie sie auf die Grundtatsachen des Lebens gestoßen wird. Die wichtigste Lehre des Buddhismus scheint mir zu sein: Verdrängt es nicht, nützt es konstruktiv.

Was wird nun wirklich passieren? Beeindruckend war die Antwort des Psychosomatikers von Uexküll im Alter von etwa neunzig Jahren bei einem Interview: „Ich bin gespannt darauf". Man sagte mir, seine Neugier würde heute befriedigt sein.

Literatur

- Raoul Birnbaum, Der heilende Buddha. Heilung und Selbstheilung – eine Einführung in das altbewährte, psychosomatische Heilsystem des Buddhismus. Scherz-Verlag 1979. Sonderausgabe Gondrom-Verlag 1990.

- Dagyab Kyabgön Rinpoche, Buddhistische Orientierungshilfen. Eine Einführung. Erhältlich im Tibethaus Frankfurt.

- Dalai Lama/Howard C. Cutler, Die Regeln des Glücks. 2004. Zahlreiche Auflagen. Besonderheit gegenüber anderen Dalai-Lama-Büchern: Ein Psychologe setzt sich mit den Lehren des Dalai Lama auseinander.

- Dhammapada – die Weisheitslehren des Buddha. Freiburg 1998.

- Dilgo Khyentse, Erleuchtete Weisheit, Die Einhundert Ratschläge des Padampa Sangye. Berlin 2003.

- Philip Martin, Der Zen-Weg aus der Depression. Therapeutisch-spirituelle Hilfe zur Selbsthilfe. München 2000.

Der Sinn im Leid aus islamischer Perspektive

Naime Cakir

Einleitung

Menschen werden geboren und müssen sterben. Dies ist eine unverrückbare Tatsache des menschlichen Lebens. Was die Endlichkeit seiner eigenen Existenz angeht, ist der Mensch offensichtlich das einzige Lebewesen auf Erden, das sich dieser Begrenztheit seines Daseins bewusst ist. Diese Gewissheit begleitet ihn wie ein Schatten, der mal mehr und mal weniger die Sonnenseite des eigenen selbstverständlich gelebten Lebens verdunkelt. Für den jungen, gesunden und erfolgreichen Menschen mag die Vorstellung von dem eigenen Tod geradezu skandalös erscheinen. Die Gewissheit des eigenen Todes drängt sich ihm nur phasenweise ins Bewusstsein: z. B. durch den plötzlichen Tod eines Angehörigen oder durch die schwere Erkrankung eines Freundes. Für ihn sind solche existenziellen Schattenseiten vielleicht durch das Mit-Leiden mit davon Betroffenen erfahrbar geworden. Ganz im Gegensatz zum älteren kranken Menschen, dessen mühsames, von einem kranken Körper geschlagenes Leben ihm immer mehr zur Last geworden ist. Für ihn hat sich die gelebte Selbstgewissheit des Daseins vielleicht schon längst als brüchig, als fragwürdig erwiesen. Er kennt möglicherweise die Grenzsituationen des Lebens und damit die Unabwendbarkeit des Leids zu Genüge; er weiß um den zunehmend einschränkenden Prozess des Alterns und vermag es deshalb, ohne Verbitterung und ohne Angst die Stunde seines Todes zu erwarten und hat sich möglicherweise mit diesen Begrenzungen des menschlichen Daseins in gewisser Weise „versöhnt". Der Existenzphilosoph Karl Jaspers spricht hier von der widersprüchlichen Struktur des Lebens, in der, wie er sagt, das wahre Sein erfahrbar werden kann (Jaspers 1973, 250 f). Er meint damit, dass das Erleben und Durchleben einer krisenhaften Lebenssituation, die er „Existenz erhellende" Grenzsituation nennt, auch innere Verwandlung, bzw. eine bereichernde, tiefere Erkenntnis in das Wesen „absoluten Seins" bedeuten kann. In ähnlicher Weise sieht dies auch der Islam.

Wie andere Religionen auch, die dem Menschen ein Heil in Aussicht stellen, weiß der Islam um die Diskrepanz zwischen dem gepriesenen Heil und die aktuellen leidvollen Erfahrungen der Menschen. So bietet er ihnen nicht nur eine Erklärung an, die ihnen vermitteln soll, dass in allem ein tieferer Sinn verborgen ist, sondern auch eine Rechtleitung, die das Leid zu überwinden sucht. Den Gläubigen wird dabei das Heil in Aussicht gestellt, wenn diese ein rechtschaffenes Leben im Sinne des Islam führen. Das heißt: die Frage des Lebenssinns ist im Islam mit dem Konzept des Heilsangebots verbunden und damit besteht nach islamischer Vorstellung der Sinn des Leben primär darin, Gott zu dienen. Dem kranken Menschen verspricht der Islam Heil und Vergebung, wenn er seine Krankheit und das damit verbundene Leid annimmt, sich voller Demut zu Gott hinwendet und die Hoffnung zur Genesung nicht aufgibt und damit zur inneren Reife gelangt.

Das Menschenbild im Islam

Der Koran betont, dass der Mensch in idealer Gestalt geschaffen und mit vielen Gaben versehen ist (95:4). Der Mensch wurde aus Lehm erschaffenen und mit göttlichem Geist beseelt (15:29). Insofern ist seine Würde als Geschöpf Gottes und als Stellvertreter Gottes auf Erden unantastbar. Der Gedanke einer Erbsünde ist dem Islam fremd. In der islamischen Anthropologie bilden Seele und Leib eine Einheit, weil der Leib die Wohnstätte der Seele ist. Da Gott das Leben eingehaucht hat, hat er auch das Recht, die Seele zurückzufordern.

Beim menschlichen Leben sind demnach folgende Wesenselemente zu unterscheiden:

1. Körper (arab.: *al-Jassad*)
2. Ego / Triebe (arab.: *an-Nafs*)
3. Geist / Seele (arab.: *ar-Ruh*)

Der Körper, der als die Wohnstätte der Seele und des Ego gilt, ist der vergängliche Teil des Menschen (vgl. Al-Amleh / Suleiman [o. J.] S. 5).

Die Triebe sind diejenigen Wesensaspekte beim Menschen, die ihn zu beherrschen und zu Verfehlungen zu verleiten suchen, während die Seele das reine Element im Menschen verkörpert, das zu Gott hin strebt. Nach islamischer Vorstellung wird jeder Mensch als Muslim geboren, was nicht im konfessionellen Sinne als religiöse Zugehörigkeit verstanden werden soll, sondern in dem Sinne, dass jeder Mensch als reine Natur (Seele), als Gott-Ergebener geboren wird. Diese ursprünglich reine Natur bzw. die reine Seele wird aber im Laufe des Lebens – je nach Erziehung und oder Sozialisation – mehr oder weniger von Gott entfernt. Einer der größten Akteure und Gegenspieler der Seele ist das menschliche Ego mit seiner triebhaften Natur. Obgleich der Islam dem Ego auch etwas Positives abgewinnen kann, bleibt es dennoch das triebhafte Element im Menschen, das im Sinne des Islam kultiviert werden muss.

Mit dem Tod des Menschen sterben der Körper und das Ego des Menschen, während die Seele, also das Edle bzw. der göttliche Funke im Menschen weiterlebt. Auf diesem Glaubenshintergrund verliert der Tod für den frommen Muslim seinen Schrecken. Deshalb ist es für den Gläubigen die vornehmste Pflicht, die seinen Tod überdauernde Seele von schädlichen Einflüssen fern zu halten, damit sich keine „Krankheiten" im Herzen einnisten. Je mehr der Mensch gegen sein Ego und dessen Begierden kämpft, umso mehr wird sein Platz im Jenseits verdienstvoller. Dieser Kampf um ein solches rechtschaffenes Leben wird im islamischen Glauben als der eigentliche „große Jihad" bezeichnet, der für den gläubigen Menschen der wesentliche Lebenssinn ist.

Das Heil im Islam

Obgleich der Islam in seinen Hauptquellen den Unterschied zwischen dem Heil als „Heilsweg" und „Heilesein" im Sinne der körperlichen und geistigen Unversehrtheit kennt, ist ein Zusammenhang zwischen dem Heil als „Heilsweg" und dem „Seelenheil", welches seinerseits wiederum das körperliche Heil wesentlich beeinflussen kann, erkennbar. Der Medizinhistoriker Heinrich Schipperges konstatiert hier, dass der Islam die erste Hochreligion sei, die das Wort Gesundheit bereits in seinem Titel trüge. Somit mache der Islam die Gesundheit zum Fundament seiner Weltanschauung und Lebenshaltung, da der „Islam" die Reflexivform von Salam darstellt, die von den Konsonanten SLM abgeleitet wird, und Hingabe, Frieden und Unterwerfung unter Gottes Willen bedeutet. So bedeutet Salam „ein rundum Wohlsein an Leib, Seele und Gesit, das Heile eben" (Schipperges 2003 zitiert in Ilkilic 2004, S. 3). Ein Muslim wäre demnach derjenige, der sich diesem Heil hingibt.

In der Befolgung des Islam liegt in diesem Sinne das Heile, weil die Seele des Menschen nach eben diesem Heilen – zu seinem Schöpfer – hinstrebt.

„Heil meint hier „die koranische Botschaft mit ihrem Insistieren ‚auf der gegenseitigen, dem Menschen das Heil verbürgenden Zugewandtheit von

Schöpfer und Geschöpf'..., wie sie in den tagtäglich vollzogenen Riten von den Muslimen erlebt und erfahren wird" (Schreiner 2004, S. 22).

Aus diesem Grunde sind die Gottesdienste und die Gebete nach islamischer Vorstellung die Vorraussetzung dafür, dass das Gleichgewicht des Menschen zwischen seinem Körper, seinem Geist und seiner Seele nicht gestört wird. In ihren Gebeten wenden sich die Muslime vollkommen zu Gott hin, in Abkehr von schlechten Einflüsterungen, die die völlige „Eingestimmtheit" des Menschen auf ihrem Schöpfer stören könnten. So führt uns die Suche nach dem Heilen im Islam neben dem Koran und der Sunna zur Scharia, also zur islamischen Lebenspraxis.

Die Hauptelemente des Islam

Der Islam fußt auf drei Hauptelementen, die im Folgenden dargestellt werden sollen

Glaubensinhalte (Iman-Inhalte)	Glaubenspraxis (Scharia)	Ethik und Moral
Glaube	Gebete	Ethik und Moral (Beispiele)
1. an einen einzigen Gott	1. Das Glaubensbekenntnis	Ehrlichkeit, Gerechtigkeit
2. an seine Engel	2. Das Gebet fünfmal am Tag	Hygiene, Demut
3. an die göttlichen Offenbarungen	3. Fasten im Monat Ramadan	Geduld, Keuschheit
4. an die Gesandten Gottes	4. Die Armen-Steuer	Güte
5. an die Auferstehung	5. Die Pilgerfahrt einmal im Leben nach Mekka	Tugend
6. an das Schicksal		Verborgenheit

Wie auch an einigen Stellen aus der Tabelle entnommen werden kann, sind die sechs Glaubensartikel des Islam die Vorraussetzung für die Glaubenspraxis. Für denjenigen, der diese sechs Glaubensartikel nicht verinnerlicht hat, ist die Praxis der Gebete aus der Glaubensperspektive nutzlos, da sie unbedingte Befehle Gottes sind und darüber hinaus ihren praktischen Nutzen auf dem Wege des Seelenheils beinhalten sollen.

Die Verinnerlichung der Glaubensinhalte (Iman-Inhalte) und die Befolgung der Gebete sind gewissermaßen eine erzieherische Aufgabe und sind unmittelbar mit der islamischen Ethik- und Morallehre verbunden, die den Menschen zur inneren und äußeren „Reinheit", mit anderen Worten, zum Heil anleiten sollen.

Doch der Islam ist sich sehr wohl dessen bewusst, dass der Mensch auf diesem Wege ständigen Verführungen ausgesetzt ist. Hilfe hierzu bieten ihm neben den fünf Gebeten am Tag, das Fasten im Monat Ramadan und die Abgabe der Armensteuer. Im Monat Ramadan soll der Muslim Enthaltsamkeit und Selbstdisziplin üben, um auf dem Wege eigener erlebter Entbehrungen die Empathie und die Bereitschaft zur Unterstützung von Menschen in Armut zu fördern. Darüber hinaus soll der Mensch durch das fünfmalige Gebet nicht nur Demut und Verlässlichkeit einüben, sondern auch die Möglichkeit nutzen, sich gedanklich aus der Alltagsroutine auszuklinken, um sich so auf das Wesentliche seines Lebens besinnen zu können. Hierbei hat er vor Gebetsbeginn zunächst die rituelle Waschung (die äußere Reinigung) durchzuführen. Ist die Waschung mit fließendem, klarem Wasser vollzogen, so kann die Absicht zum Gebet gefasst werden. Hier ist es notwendig, dass der Betende sich innerlich von „weltlichen" Dingen freimacht. Als Voraussetzung zur Buße und Umkehr zur inneren Reinigung soll er sich in kritischer Selbstreflexion üben. Dann beginnt das Gebet mit der Absichterklärung und endet mit dem individuellen Bittgebet. Das Gebet selbst hat über seine religiöse Funktion hinaus auch noch eine entspannende und psychologisch entlastende Funktion.

Die Heilsbotschaft des Islam verkündet jedem Menschen und der gesamten Schöpfung die Verbundenheit mit dem Schöpfer. Demnach ist der Mensch nie verlassen und nie auf sich allein gestellt, aber dennoch verantwortlich für sich und seine Mitmenschen. Diese existenzielle Verantwortlichkeit wird damit begründet, dass die Menschen zur freien Entscheidung ihres Denkens und Handelns gewissermaßen verurteilt sind, während andererseits sein Leben schicksalhaft im Sinne seiner naturhaften Verankerung in der Welt vorbestimmt ist. So hat der Mensch beispielsweise nicht die Wahl, geboren oder nicht geboren zu werden. Er trifft Entscheidungen selbst dann, wenn er sich nicht entscheidet. Das heißt: Unabhängig davon, ob er sich für etwas entscheidet oder nicht, hat sein Handeln oder Nicht-Handeln Konsequenzen für sich und andere. Diese Konsequenz macht seine Vorbestimmtheit und seine Verantwortlichkeit aus.

Gesundheits- und Krankheitsverständnis im Islam

In den Hauptquellen des Islam werden die Begriffe „Krankheit" und „Gesundheit" meist im metaphorischen Sinne verwendet. Wenn im Koran von Krankheit in diesem Sinne gesprochen wird, dann ist damit auch „Unglaube" und sich „Abwenden" von Gott gemeint. Dennoch gibt es im Koran auch Suren, die von Krankheit im lexikalischen Sinne sprechen. Die Gesundheit zählt zu den höchsten Gaben und wird als ein hohes Gut verstanden. Ebenso wie der Tod gehören Krankheit und Leid zum Leben und sind natürliche Phänomene.

Dennoch soll der Mensch so leben, dass er jegliche krankmachenden und schädigenden Stoffe von sich abwendet (vgl. Ilkilic 2004, S. 4).

Ein Beispiel dafür ist, dass sich der Mensch von Alkohol und Drogen fernhalten soll. So heißt es im Koran:

> „Sie befragen dich über Wein und Glücksspiel. Sprich: In beiden liegt großer Schaden und auch (einiger) Nutzen für die Menschen; doch ihr Schaden ist größer als ihr Nutzen!" (Sure 2:221).

Im Islam kommt der Vorbeugung von Krankheiten und dem Erhalt der Gesundheit auch deshalb eine große Bedeutung zu, weil der Mensch sein Schaffen und seine Kreativität erst im gesunden Zustand zur vollen Entfaltung bringen kann. Erst dann kann er seinen gottesdienstlichen Handlungen und seinen anderen Pflichten nachkommen. Die überlieferten Aussagen des Propheten (Hadithe) erklären beispielsweise das Waschen der Hände vor und nach dem Essen und die Hygiene der Zähne zur Pflicht und empfehlen zur Erhaltung der Gesundheit sportliche Betätigungen. Darüber hinaus gibt es in der islamischen Literatur viele Empfehlungen zur gesunden Ernährungsweise.

Zur Bedeutung einer Krankheit

Die Bedeutung einer Krankheit wird in zweierlei Weise gedeutet:

1. als Prüfung Gottes und
2. zur Vergebung der Sünden und Aufruf zu Umkehr

1. Krankheit als Prüfung Gottes

Dieser Aspekt wird in der Sure (29: 1–2) verdeutlicht:

> „Meinen die Menschen, sie würden in Ruhe gelassen werden, wenn sie bloß sagten: ‚Wir glauben‘, und meinen sie, sie würden nicht auf die Probe gestellt?"

Gott prüft auf diese Weise die Standhaftigkeit des von Krankheit und Leid betroffenen Menschen. Gott liebt die Dankbaren und nicht diejenigen, die sich von ihm abwenden, wenn sie ein Unheil trifft.

Nach dem islamischen Glauben wird demnach dem Kranken Heil versprochen, wenn er sich als gläubiger Mensch auch im Zustand einer Krankheit Gott gegenüber dankbar erweist und nicht angesichts des erlittenen Leids von seinem Glauben abfällt.

2. Krankheit zur Vergebung der Sünden und zur Sühne

> Keine Müdigkeit und keine Krankheit, keine Sorge und keine Trauer, kein Schmerz und kein Kummer befällt den Muslim, nicht einmal ein winziger Dorn kann ihn stechen, es sei denn, Gott will ihm damit eine Sühne für seine Verfehlungen auferlegen" (Sahīh al-Buhārī in Ferchl 1991, S. 390).

Der Islam sieht die Auferlegung der Sühne durch Krankheit nicht als Strafe, sondern als einen Gnadenerweis Gottes, womit er dem dankbaren Diener aufgrund des erlittenen Leides seine Sünden vergibt. Gott verschont demnach auch diejenigen nicht vor Krankheit, die er auserwählt hat. So wurden auch Propheten wie Hiob und Muhammad von Krankheiten und Unheil nicht verschont, die nach dem Islam als sündenfreie Menschen galten.

Andererseits wird der Mensch nach islamischer Vorstellung durch seine Krankheit gewissermaßen erzogen und an seine Vergänglichkeit erinnert, damit er nicht der vergänglichen Welt verhaftet bleibt und sein Herz an das Vergängliche bindet. Im Sinne des islamischen Glaubenskonzeptes wird hier die Krankheit nicht als Strafe Gottes verstanden, sondern als Sühne für Verfehlungen. Die Krankheit wird hier vom frommen Muslim auch deshalb als ein Gnadenerweis gedeutet, weil Gott, bevor er den Menschen abberuft, noch einmal an seine Pflichten erinnert und ihm die Chance zu Reue und Umkehr gibt. Dabei macht der Koran deutlich, dass sich der Schöpfer dem Menschen auch im Krankheitszustand voller Gnade zuwendet.

„Und wenn ich krank bin, ist ER es, der mich heilt" (26: 79)

Die erste Ursache allen Geschehens ist folglich Gott. Er verleiht allen krankmachenden Stoffen, ihre krankmachenden Eigenschaften und den gesundmachenden Stoffen die heilende Eigenschaften. Nach einem Hadith des Propheten hat Gott den Menschen keine Krankheit herabgesandt, ohne zugleich auch für das entsprechende Heilmittel zu sorgen. Die therapeutischen Maßnahmen sind folglich nicht die erste Ursache der Heilung, sondern ihre Vermittler (vgl. Ilkilic 2005). So ist der Gläubige angehalten, sich auf den Weg zu machen und die Heilung auf doppeltem Wege zu suchen.

Das heißt: Auf der einen Seite soll sich der Kranke Heilung bei Medizinern und Therapeuten suchen und auf der anderen Seite im Gebet Gott um Heilung und Genesung bitten. Hier ist das Gebet nicht nur als Bitt- oder rituelles Gebet zu verstehen, sondern wesentlich Vermittler der inneren Haltung zum Leben als Ganzes zu dem auch Leid, Tod und Krankheit. Im Idealfalle sollte der Betroffene in großer Geduld und im Vertrauen auf Gott seine Krankheit annehmen und auf Heilung hoffen. So möchte der Islam den Menschen ermutigen, sich seiner Krankheit zu stellen und sich Hilfe zu suchen. Der Kranke soll, so es in seinen Möglichkeiten liegt, die beste Form der Medizin wählen und die fähigsten Ärzte aufsuchen. Vermag er dies nicht selbst zu leisten, so obliegt diese Pflicht seinen Angehörigen.

Die Sorge um den Kranken

Aus dem islamischen Glaubensverständnis heraus ist es eine Pflicht, sich um Kranke zu kümmern, hebt doch der Prophet Mohammed den Krankenbesuch als besonders verdienstvoll hervor:

> „Speist den Hungrigen, besucht den Kranken, und gebt den Gefangenen frei." (Sahīh al-Buhārī in Ferchl 1991, S. 391).

Eine weitere Überlieferung lädt auf sehr schöne Weise zum Krankenbesuch ein:

> „Allah der Mächtige und Erhabene, wird am Tage der Auferstehung dem Menschen vorhalten: ‚O Kind Adams! Ich erkrankte, doch Du besuchtest Mich nicht!' Er wird antworten: ‚O mein Herr! Wie hätte ich Dich besuchen können, wo Du doch der Herr der Welten bist?' Allah wird erklären:

‚Hast du denn nicht erfahren, dass Mein Diener ... krank war... Wusstest du nicht, dass – wenn du ihn besucht hättest – du Mich bei ihm gefunden hättest? (...)'" (al-Buḫārī in Imam Nawawi, Hadith Nr. 896, S. 333)

Obgleich nicht bei allen Muslimen die Religion im Alltag eine große Rolle spielt, wird der Pflicht, bei Hochzeit, Geburt, schwerer Krankheit oder im Todesfall die betroffenen Familien zu besuchen, eine große Bedeutung zugemessen und bietet den Gläubigen mitunter eine Orientierung, um mit außerordentlichen Situationen fertig zu werden. Kranke sollen und dürfen demnach nicht im Stich gelassen werden. So kommen Verwandte, Nachbarn, Arbeitskollegen und Freunde auch dann zu Besuch, wenn der Kontakt ansonsten nicht sehr eng war.

Die Sinnfrage angesichts des Leids – das Leben als Prüfung

Abschließend lässt sich sagen, dass aus islamischer Perspektive der Sinn des Lebens, wie eingangs bereits erwähnt, primär darin besteht, dass der Mensch ein gottgefälliges Leben führt, damit er nach dem Tod bei Gott sein kann. Siegried Hunke bringt diesen Gedanken des Islam treffend zum Ausdruck. Gott lässt „die Menschen in ihrer *Vergänglichkeit* sterben, damit sie in der *Ewigkeit* bei ihm leben" können (1986, S. 75).

Der Koran macht in der Sure 51:56 deutlich, dass die Menschen erschaffen worden sind, damit sie Gott dienen sollen. Eine weiterer Vers betont, dass der Mensch „nicht zum Zeitvertreib geschaffen" (23:115) wurde. Ein gottgefälliges Leben zu führen bedeutet demnach mehr, als lediglich zu glauben und die täglichen Gebete einzuhalten. Vielmehr ist damit auch eine ethisch-moralische Grundhaltung gemeint, welche die Sorge und Fürsorge für die Mitgeschöpfe beinhaltet.

Nach dem islamischen Glauben sind also Geburt, Leben und Tod notwendige Stationen zu Gott hin, wobei das diesseitige Leben lediglich eine Zwischenstation mit verschiedenen Prüfungen ist, die der Mensch auf dem Weg zu Gott zu bestehen hat. Einige prüft er mit Armut, einige mit Gesundheit, andere mit Reichtum oder mit Leid und Krankheit. In all diesen Situationen bedeutet ein gutes Leben dasjenige Leben, das in Hinwendung zu Gott, im Vertrauen auf Gott gelebt wird. Angesichts solcher Vorstellung wird die Annahme, die Versöhnung mit dem Leidvollen zum eigentlichen Lebenssinn, die gleichzeitig durch Hingabe zu Gott zur Versöhnung mit Gott wird und damit zum Heil führen kann.

Literatur

- Al-Amleh, C./Suleiman. S.: Das Menschen- und Seelenbild im Islam oder Grundzüge einer islamisch-pädagogischen Psychologie. Eine Publikation der Informationsseite muslimischer Geistes- und Sozialwissenschaftler (o. J.) (http://www.qalam.de/docs_pdfs/Mensch_und_Seele_im_Islam.pdf.) Zugriff am 14.06.2008

- Barlowen, C.: Der Tod in den Weltkulturen und Weltreligionen. Frankfurt am Main 2000.

- Ferchl, D. (Hrsg.): Sahīh al-Buhārī – Nachrichten von Taten und Aussprüchen des Propheten Muhammad (ausgewählt, aus dem Arabischen übersetzt). Stuttgart 1991.

- Gilliot, C.: Rechtleitung und Heilszusage im Islam. In: Schmid, H.; Renz, A.; Sperber, J. (Hrsg.): Heil in Christentum und Islam. Akademie der Diözese Rottenburg-Stuttgart. Stuttgart 2004.

- Hoheisel, K.; Klimkeit, H.-J. (Hrsg.): Heil und Heilung in den Religionen. Wiesbaden 1995.

- Hunke, S.: Tod was ist dein Sinn? Tübingen 1986

- Imam Nawawi: Riyad us-Salihin – Gärten der Tugendhaften, Band 2, Hadith Nr. 896, München 2002, S. 333

- Ilkilic, I.: Begegnungen und Umgang mit muslimischen Patienten. Eine Handreichung für die Gesundheitsberufe. Bochum 2005.

- Ilkilic, I.: Gesundheitsverständnis und Gesundheitsmündigkeit in der islamischen Tradition. In: Zentrum für medizinische Ethik (Hrsg.). Medizinische Materialien: Heft 152, Bochum 2004.

- Jaspers, K.: Philosophie. Bd.II. Existenzerhellung. Berlin 1973.

- Klein-Franke, F.: Vorlesungen über die Medizin im Islam. Wiesbaden 1982.

- Rassoul, M. (1997): Die ungefähre Bedeutung des Al-Qur'ān Al-Karim in deutscher Sprache. Muslim Studenten Vereinigung in Deutschland e.V. & Islamisches Konzil in Deutschland (Hrsg.) Marburg 1997.

- Schipperges, H.: Gesundheit und Gesellschaft. Ein historisch-kritisches Panorama. Berlin 2003.

- Schwinkart G.: Tod und Trauer in den Weltreligionen. Gütersloh 1999.

- Schreiner, S.: Erlösung und Heil – menschliches Verlangen und göttliches Angebot. In: Schmid, H.; Renz, A.; Sperber, J. (Hrsg.): Heil in Christentum und Islam. Akademie der Diözese Rottenburg-Stuttgart. Stuttgart 2004.

- Spuler, B. (Hrsg.): Die Medizin im Islam. Leiden/Köln 1970.

- Stephenson, G. (Hrsg.): Leben und Tod in den Religionen. Darmstadt 1997.

- Tan, D.: Das fremde Sterben. In: Nach Mekka gewandt. Zum Umgang türkischer Muslime mit ihren Verstorbenen in der Türkei und in Deutschland. Hannover (o. J.)

- Zaidan, A./Khan, K.: Islam und Medizin. Muslime in der Klinik. IRH-Schriftenreihe (Hrsg.) Frankfurt am Main 1999.

Lebenskunst im Umgang mit Krankheit

Wilhelm Schmid

Lebenskunst im Umgang mit Krankheit – ein schwieriges Thema. Es zwingt dazu, auch über Gesundheit zu sprechen, aber es lässt sich nicht genau sagen, was das ist. Sie lässt sich wohl am ehesten in Abhebung gegen den Zustand der Krankheit verstehen: Krank sein heißt, nicht gesund zu sein. Gesundsein wiederum, nicht krank zu sein. Dass Gesundheit ein kostbares Gut sein kann, wissen am besten die Kranken, und schon diese Erfahrung macht einen Wert des Krankseins aus. Eine einfache, lebenspraktische Unterscheidung lautet so: Der Gesunde hat tausend Wünsche, der Kranke hat nur einen, nämlich wieder gesund zu werden. Die Weltgesundheitsorganisation WHO hat Gesundheit so definiert: Reibungsloses Funktionieren des Organismus, Wohlgeordnetheit der Psyche. Krankheit wäre dann: Mangelndes Funktionieren, gestörte Ordnung. Leider ist damit eine Abwertung der Krankheit verbunden, die problematisch sein könnte. Und kann es wirklich eine störungsfreie Ordnung geben? Wieviel Störung braucht eine Ordnung, um gut funktionieren zu können? Krankheit und Störung aus dem Leben ausschließen zu wollen, sie nur noch als Inkarnation des „Negativen" zu betrachten: Das ist wohl die schlechteste Grundlage, damit gut zurechtzukommen, erst recht, wenn eine Gesundung nicht absehbar ist, wie bei manchen Krebs-Erkrankungen.

Leben mit dem Widerspruch von Gesundheit und Krankheit

Über Krankheit und Lebenskunst zu sprechen, macht zuallererst erforderlich, ein allzu oberflächliches Verständnis von Gesundheit kritisch zu befragen. Dass es so widersprüchliche Phänomene wie Gesundheit und Krankheit überhaupt gibt, bringt womöglich ein Bedürfnis des Lebens nach *Polarität* zum Vorschein, wie es in vielen Lebensbereichen erkennbar ist. Die Polarität aufheben zu wollen, hätte dann nicht nur den Charakter der Vergeblichkeit an sich, sondern brächte auch fragwürdige Konsequenzen mit sich: Wenn etwa Krankheit eliminiert würde, wäre wohl keineswegs reine Gesundheit die Folge. Wie hartnäckig die Polarität ist, lässt sich jedenfalls daran ablesen, dass die bemerkenswerten Anstrengungen in der Geschichte der abendländischen Menschheit, Krankheiten auszurotten, noch immer damit konfrontiert waren, dass neue Krankheiten ans Licht kamen. Das Leben kann offenkundig auf seine Polarität nicht verzichten, da es die Spannung zwischen Gegensätzen braucht, um Leben sein zu können. Diese Einsicht muss nicht dazu führen, die Bekämpfung von Krankheiten aufzugeben, aber vielleicht dazu, diese Bekämpfung nicht mit der Illusion eines künftigen „Endsieges" auszustatten.

Was im Leben am selbstverständlichsten erscheint, nämlich das Leben selbst, wird von einer Krankheit erst so recht zu Bewusstsein gebracht. Das *Heilsame* der Krankheit liegt nicht zuletzt darin, sich über das eigene Leben und darüber, dass es einen letzten Tag haben wird, klarer zu werden. Nichts spornt stärker dazu an, die Sorge um dieses Leben in die Hand zu nehmen und es vielleicht auf andere Weise zu leben als bisher. Die Krankheit ist ein Vorlaufen zum Tod – und eine Rückkehr ins Leben, wenn sie dazu führt, sich wieder mit den als wesentlich erkannten Dingen des Lebens zu befassen. „Lehrjahre der Kunst zu leben" sah Novalis darin, der Romantiker, der sein ganzes kurzes Leben fast nur krank war. Er sprach sogar von einer „Kunst", die Krankheit „zu benutzen", etwa zur Inspiration und zur persönlichen Reifung.[1] Und noch einer, der wusste, wovon er sprach, war Friedrich Nietzsche: Er war bereit, in der Krankheit ein Medium der Erkenntnis und der Veränderung zu sehen. Denn was Leben ist, lässt sich in dieser Grenzerfahrung am besten erkennen, und was die erforderlichen Veränderungen angeht, so kann die Krankheit am ehesten zu ihrem Katalysator werden, da sie den Menschen ohnehin aus seiner bisher gelebten Existenz herauskatapultiert.

Vor allem Nietzsches Begriff der *großen Gesundheit* ist für die Lebenskunst brauchbar, denn damit ist eine Gesundheit gemeint, die, wie Nietzsche sagt, „der Krankheit selbst nicht entraten mag"[2]. Zur Gesundheit gehört nun auch, krank sein zu können und dies noch als Element der Gesundheit zu verstehen. Diese Einbeziehung der Krankheit ins Leben steht der reinen „Lehre von der Gesundheit" entgegen, die auf den Ausschluss von Krankheit zielt. Dies hat nicht nur Bedeutung für das Leben des Individuums, sondern auch für die Gesellschaft, die den kränklichen Individuen ihre Sensibilität verdankt: Mit ihrer übergroßen Empfindsamkeit erspüren sie früher als andere einen gefährlichen Weg, den die Gesellschaft einschlägt; schon aus diesem Grund darf es zu keinem Ausschluss der Kranken

---

1   (Novalis, Fragmente und Studien 1799 – 1800, in: Ders., Schriften, hg. v. Paul Kluckhohn u. Richard Samuel, Bd. 3, Darmstadt 21968, S. 667; „Lehrjahre der Lebenskunst" ebd., S. 686.)
2   (Nietzsche, *Menschliches, Allzumenschliches*, 1878, I, Vorrede von 1886, 4)

aus der Gesellschaft kommen. Und aus demselben Grund ist es für eine Lebenskunst nicht unbedingt vorziehenswert, das Leben von Pathologien völlig frei haben zu wollen: Sie sind das immer neue Korrektiv des Lebens, ein Hilfsmittel zur bewussten Lebensführung. Nicht Gesundheit und Lust, sondern meist erst Krankheit und Schmerz führen Menschen zum Überdenken des Lebens und zu tieferen Einsichten ins Leben.

Der entscheidende Gegensatz aber ist nicht der zwischen *Gesundheit und Krankheit*. Beide werden zwar gewöhnlich als Gegensatzbegriffe verwendet, die sie aber nicht in jedem Fall sind, da es Überschneidungen zwischen ihnen gibt. Es kann *krank* machen, immer nur *gesund* sein zu wollen: Der arbeitswütige Mann, der alle Anzeichen einer Grippe ignoriert und mit Medikamenten niederkämpft, laugt über kurz oder lang seine Körperkräfte völlig aus. Es kann demgegenüber ein Aspekt von *Gesundheit* sein, *krank* zu werden: Die junge Frau, die sich um Arbeit, Haushalt und Kind zugleich bemüht und all dies nichts weniger als perfekt handhaben will, wird von einem höllischen Rückenschmerz zu Fall gebracht – aber die Krankheit kann ihre Chance sein, die Beziehung zu sich selbst wieder zu gewinnen, die ihr verloren gegangen ist. Jetzt kann sie sich selbst die Aufmerksamkeit widmen, derer sie bedarf, um ein pflegliches Verhältnis zu sich zu begründen und die Selbstfreundschaft zu suchen, die ihren *inneren* Zusammenhalt stärkt, der auch ihren Rücken wieder trägt. Krankheit kann eine Möglichkeit sein, notgedrungen die *Muße* zu finden, die erforderlich ist, um dem *Sinn* wieder nachzuspüren, der dem eigenen Leben gegeben werden kann, und nach dem Bejahenswerten, dem *Schönen* zu fragen, das der Leitstern dieses Lebens sein kann. Wenn dies zutrifft, dann ist der entscheidende Gegensatz derjenige zwischen *gesunder Sorge und ungesunder Sorglosigkeit* im Hinblick auf sich selbst und das eigene Leben. Für die Lebenskunst im Zustand der Gesundheit wie auch für den Umgang mit Krankheit ist *die Sorge des Selbst um sich* von grundlegender Bedeutung.

Sorge um sich, körperlich, seelisch, geistig

Eine philosophische Gesprächsführung, wie ich sie selbst an einem Krankenhaus pflege, kann den Sinn haben, im Dialog die *Sorge um sich* anzuregen. Seit Sokrates ist das so, und auch ein Arzt kann das als Teil seiner Aufgabe verstehen. Ein Philosophieren, das zur Sorge anleitet, leistet „Lebenshilfe", jedoch nicht im unmittelbaren Sinn, sondern im Sinne sokratischer Geburtshilfe: Das ans Tageslicht zu befördern, was in einem Menschen selbst bereits verborgen liegt. Wie die Erfahrung zeigt, kann das bloße Gespräch schon

Wunder bewirken. Der Gesprächspartner erfährt die Aufmerksamkeit, die ihm fehlte, die Zuwendung, die er entbehrte. Die bloße Aufmerksamkeit eines Anderen kann die Kräfte eines Menschen in außerordentlichem Maße aktivieren, daher geht es zuweilen darum, nur zuzuhören. Beflügelt durch diese Aufmerksamkeit, bietet das Gespräch vor allem einen Anlass zur *Selbstaufmerksamkeit*. Nichts machen Menschen lieber, als „ihre Geschichte" zu erzählen: das ist die häufigste Grundlage für das Gespräch. Und das hat Gründe, denn in der Erzählung konstituieren sie sich selbst, das Selbst sucht, findet und konstruiert die Zusammenhänge, die sein Leben durchziehen, und es entscheidet darüber, was davon sein „Inneres", den Kern seiner selbst bilden, was an der Peripherie bleiben soll und was nicht. Vorausgesetzt, es denkt darüber nach und dreht sich nicht nur mit seiner Geschichte im Kreis. Indem diese Arbeit der Sorge in Gang kommt, stellt das Selbst die Beziehung zu sich selbst wieder her, die vielleicht verloren oder noch nie so recht gefunden worden war. Damit wird die entscheidende Arbeit an der inneren Festigkeit geleistet, am inneren Immunsystem, das zur Gesundheit beiträgt.

Lebenskunst beruht auf der *Übernahme der Selbstsorge*. Ohne Selbstsorge keine Lebenskunst. Die Sorge durchbricht die Gleichgültigkeit, die jeder Lebenskunst, vielleicht dem Leben überhaupt feind ist. Natürlich ist die Sorge keine Norm, der man unbedingt Genüge tun müsste; grundsätzlich kann man dem Leben gegenüber durchaus gleichgültig bleiben, man sollte lediglich früh genug die Kosten kennen, die dies mit sich bringen kann: Ein nicht gelebtes Leben, Verbitterung über das verschenkte Leben, vermutlich zu einem Zeitpunkt, an dem nicht mehr viel zu korrigieren ist, Rachegefühle gegenüber Anderen, bei denen das Leben vermutet wird, das einem selbst entgangen ist.

Das Ziel der Selbstsorge wiederum ist der *Gewinn von Selbstfreundschaft*, ohne jedes schlechte Gewissen, dass es sich dabei um eine Kultivierung der „Selbstsucht" handle, denn wer mit sich selbst nicht befreundet ist, soll heißen: wer sich selbst nicht mag, der kann auch Andere nicht mögen, geschweige denn ihr Freund sein. Das leuchtet vermutlich ein, denn wer mit sich selbst nicht im Reinen ist, der ist viel zu sehr mit sich selbst beschäftigt, als dass er sich Anderen zuwenden könnte. Und gibt es nicht im Christentum diesen wunderschönen Satz, den wir alle kennen? „Liebe Deinen Nächsten – wie Dich selbst!" Es heißt ja nicht: „anstelle Deiner selbst". Die Selbstliebe gilt also auch im Christentum als Grundlage für die Nächstenliebe, auch wenn uns dies nicht immer so erklärt worden ist. Gibt es da noch einen Unterschied zum Narzissmus? Der Unterschied liegt in der Frage, ob die Selbstfreundschaft als Selbstzweck oder zum Zweck der Beziehung zu Anderen gepflegt wird.

Selbstfreundschaft beruht zuerst auf einer *körperlichen Sorge* um sich, so lässt sie sich auch am besten erlernen: Der eigene Körper ist modernen Menschen oft fremd geworden, er wird missachtet und „ausgebeutet". Aber er ist die Grundlage des menschlichen Lebens. Seine neuerliche Aneignung begründet ein gefühlvolles und überlegtes Verhältnis zu ihm, wie es für eine Freundschaft typisch ist: Der einzelne Mensch geht eine verantwortliche Bindung mit seinem Körper ein. Die Aneignung umfasst jedoch dessen angenehmen Seiten ebenso wie seine unangenehmen Seiten: Wohlsein, Freuden, Lüste, Begierden, Gesundheit ebenso wie Unwohlsein, Ängste, Schmerzen, Verletzungen, Krankheit, denn eine starke Erfahrung von Leben vermittelt der Körper nur in dieser Gegensätzlichkeit. Er bedarf der Aufmerksamkeit und Zuwendung, um aufzuleben. Als bloßer Körper ist er nichts, er muss vom Selbst durchdrungen sein und es selbst durchdringen, das ist der Sinn der Befreundung mit ihm. Für einen Menschen, der das Leben für gottgegeben hält, kann die Pflege des Körpers nicht des Teufels sein.

Ferner die *seelische Sorge* um sich, die mit inneren Widersprüchen und widersprüchlichen Gefühlen zu tun hat: Gegensätzliche Seiten im Selbst können sich trotz allem miteinander befreunden und eine kreative Spannung aus dem Verhältnis zueinander beziehen: Etwa das Denken und Fühlen, sich widerstreitende Gedanken und Gefühle wie Furcht und Neugierde, Hoffnung und Enttäuschung, Liebe und Hass, Zärtlichkeit und Zorn, Souveränität und Ängstlichkeit, der Freiheitsdrang und das Bedürfnis nach Bindung, die männliche und weibliche Seite in ein und demselben Selbst. Selbstfreundschaft heißt auch, mit den eigenen Launen sich zu befreunden, die nicht übergangen werden können: In ihnen kommen momentane Gedanken, Gefühle, Wünsche und Ängste zum Ausdruck, die, jeweils ein Ich für sich, das gesamte Selbst für sich allein in Anspruch nehmen wollen, ganz wie die Kinder, die die ungeteilte Aufmerksamkeit ihrer Eltern zu erzwingen versuchen. Für die Gesundheit als Lebenskunst ist die Sorge um die Seele von besonderer Bedeutung, wenn es wahr ist, dass die Seele starken Einfluss auf die Verfassung des Körpers ausübt.

Und die *geistige Sorge*: Ins Blickfeld kommt damit das „Geistige", das Gedankliche und Begriffliche. Das ist neben der *Prägung* von Begriffen für das, was an Erfahrungen zu machen ist, auch die *Klärung* von Begriffen, mit denen hantiert wird, als verstünden sie sich von selbst, wie etwa „Leben", „Glück", „Sinn"... Begriffe können in die Irre führen, sie können krank machen und man kann gesunden an ihnen, je nach ihrer Definition. In Begriffen steckt, über das bloße *Wort* hinaus, ein Vorverständnis, ein Konzept, eine Vorstellung, eine *Idee* davon, was etwas ist oder sein soll und welche Bedeutung ihm zukommt. Entscheidender als die Realität kann diese Idee sein, die von ihr im Umlauf ist, ja die Idee kann ursächlich für eine Realität sein, etwa im Falle einer Neuorientierung des Lebens. Begriffe bergen Eigenschaften in sich, die ihnen zugeschrieben werden, ohne dass jemals jemand darüber nachgedacht hätte, die aber vielleicht auch noch anders zu beschreiben wären; Wahrheiten, die auch anders wahr oder von Grund auf falsch sein können. Das jeweils herrschende Verständnis ist nur eine Möglichkeit unter anderen. Die Lebenskunst besteht darin, nicht zum Gefangenen von Begriffen mit angeblich „allein gültigen" Bedeutungen zu werden. Etwa in Bezug auf „das Leben". Was versteht ein Mensch darunter? Wie „ist" das Leben? Wie soll das Leben sein? Was stellt er sich unter dem „Sinn des Lebens" vor? Menschen orientieren sich in ihrem Leben in hohem Maße an ihrem Begriff des Lebens und sind sich doch kaum je dessen bewusst.

Frage nach dem Sinn des Lebens

Was einen Menschen *gesund* hält, was ihn, wenn er krank ist, *heilt*, was eine Krankheit *lebbar* macht, sind die Kräfte des Körpers, der Seele und des Denkens des Menschen selbst. Sie freizusetzen und die Quellen, aus denen sie sich speisen, überhaupt erst ausfindig zu machen, ist die vordringliche Aufgabe, zu der auch ein Arzt beitragen kann, zu der er jedoch durch Ausbildung und Weiterbildung befähigt werden sollte. Ansonsten ist dies die spezifische Aufgabe von Psychologen, Theologen, Philosophen. Um diese Aufgabe deutlicher ins Licht zu rücken, bedürfte es einer Erweiterung des Begriffs der Psychosomatik über Psyche und Soma hinaus zu einer *Noopsychosomatik*, um auch den *nous*, das Denken mit einzubeziehen. Dem liegt ein integrales Menschenbild vom Menschen als Person zugrunde, bei dem Körper, Seele und Geist nicht isoliert voneinander gesehen werden, der einzelne Mensch wiederum nicht als isoliertes, vielmehr mit Anderen lebendes bewusstes Wesen, das sich Gedanken macht über die Frage von Leben und Tod, und die Frage nach dem Leben über den Tod hinaus, was immer die Antwort darauf sein mag. Vor allem der *geistige Aspekt* des menschlichen Lebens fand im bisherigen Verständnis von Gesundheit und Krankheit, das über den Körper hinaus allenfalls noch die Psyche mit einbezog, wenig Berücksichtigung. Im Geist aber, im Denken des Menschen, formieren sich Überlegungen etwa zum *Sinn des Lebens*, die großen Einfluss auf Körper und Seele haben können.

Der Sinn ist teils vorzufinden, teils erst herzustellen. Davon, dass etwas „Sinn macht", ist immer dann die Rede, wenn Zusammenhänge erkennbar sind, wenn also einzelne Dinge, Menschen, Begebenheiten, Erfahrungen nicht isoliert für sich stehen, sondern aufeinander bezogen sind. So lässt sich sagen: *Sinn, das ist Zusammenhang*, Sinnlosigkeit demzufolge *Zusammenhanglosigkeit*. Wenn Sinn Zusammenhang ist und wenn er als solcher Halt zu vermitteln vermag, dann muss die Abwesenheit von Zusammenhängen zwangsläufig zur Erfahrung von Sinn- und Haltlosigkeit führen. Das gilt in verschiedenster Hinsicht: Jede Beziehung, die Menschen zueinander pflegen und die einen Zusammenhang zwischen ihnen stiftet, erfüllt sie offenkundig mit Sinn und gibt ihnen Halt. Als sinnlos kann empfunden werden, wenn Menschen ihr Tun nicht aufeinander abstimmen und somit zusammenhanglos agieren. Als unsinnige Idee erscheint eine, die keine oder falsche Zusammenhänge herstellt. Zusammenhänge, die fehlen, führen zwangsläufig dazu, in einer Sache „keinen Sinn zu sehen". Kein Sinn heißt nicht zwangsläufig, dass da kein Sinn „ist" – es scheint vielleicht nur so. Dass Menschen in wachsendem Maße nach Sinn fragen, ist ein Zeichen der modernen Zeit, die ein Prozess der *Befreiung* ist, Befreiung von allen möglichen Bindungen und Beziehungen, also von Zusammenhängen. Diesem Teil der Freiheit, der Freiheit von etwas, korrespondiert aber ein anderer Teil der Freiheit, der Freiheit *zu* etwas, *zur* Neubegründung von Bindungen und Beziehungen, also Zusammenhängen, nun jedoch aus freien Stücken. Das ist die Arbeit, die bevorsteht und die, wenn sie geleistet wird, die Moderne nicht als dieselbe belassen wird. Es ist die Arbeit, Sinn wieder herzustellen, auf allen Ebenen und in allen Bereichen des Lebens.

Sinn beginnt mit dem ganzen Spektrum der *Sinnlichkeit*, der Herstellung vielfältiger Zusammenhänge zwischen Selbst und Welt, wenngleich die Erfahrung von Sinn über die Sinne immer nur momentan und somit zeitlich begrenzt ist. Sinn resultiert ferner aus der Gründung und Pflege *sozialer Zusammenhänge*, deren Selbstverständlichkeit in der Moderne geschwunden ist, sodass die bewusste Sorge um sie zur Aufgabe wird. Beziehungen „machen Sinn", insofern sie Zusammenhänge begründen, beginnend zwischen zweien, erfahrbar in Begegnungen, die gesucht werden, in Gesprächen, die geführt werden, in Umgangsformen, die beachtet werden. Neben den sozialen aber sind es ökologische Zusammenhänge, die sinnstiftend wirken: Die gefühlte Verbindung mit der Natur, deren Sichtbarkeit und Erfahrbarkeit birgt seit jeher sehr viel Sinn in sich. Menschen suchen Trost in der Natur, um wieder „Kraft zu schöpfen", und es ist in der Tat die sinnlich erfahrbare Natur, die die Erfahrung von Sinn vermitteln kann, da in ihr offenkundig alles mit allem zusammenhängt. Sinn umfasst schließlich gedachte, *geistige Zusammenhänge*, zu denen in besonderem Maße „teleologische" Zusammenhänge gehören, also die Orientierung des Lebens an einem Ziel, einem Zweck, aber auch die Frage danach, wozu diese Krankheit „gut" sein kann. Es geht dabei um eine Kunst der Deutung und Interpretation, die Sinn zu erkennen und dem Leben Sinn zu geben vermag. Und zuletzt die über das endliche Leben hinausgehenden, gefühlten und gedachten *transzendenten Zusammenhänge*: Sie sorgen für den weitestmöglichen Horizont, in den das eigene Leben eingebettet werden kann, oft mit „Spiritualität" und „Religiosität" in Verbindung gebracht. Auch wenn niemand diese Fragen endgültig beantworten kann, so ist es doch bedeutsam, für sich selbst eine plausible Antwort darauf zu finden, mit der sich leben lässt und äußerstenfalls das Leben auch zu Ende gebracht werden kann, jedenfalls *dieses* Leben.

Sinn ist hilfreich, um mit Krankheit umzugehen. Sehr vieles kommt darauf an, *ob der Krankheit ein Sinn gegeben werden kann*, denn in ihr die blanke Sinnlosigkeit zu sehen, blockiert die heilenden Kräfte, die der Sinn freisetzen kann. Der Sinn ist eine Frage der Deutung, er muss nicht notwendigerweise „objektiv" in der Krankheit verborgen sein. Der Sinn einer Krankheit kann darin zu finden sein, endlich die *Muße* zu haben, die immer unmöglich zu sein schien. Intensiv zu erfahren, was *Leben* ist, das immer als pure Selbstverständlichkeit erschien – und wenn nur noch begrenzte Zeit zur Verfügung steht, kann deren erlebte Intensität das Dahinplätschern vieler weiterer Jahre wettmachen. *Dankbarkeit* fürs Leben lässt sich jetzt erlernen, dankbar dafür, auch noch diese andere Seite des Lebens erfahren zu können, die immer noch Leben ist. Jetzt sich klarer werden zu können, was wirklich *Leben* ist: Die Polarität von Gesundheit und Krankheit, von Lust und Schmerz, von Abgründigkeit des Lebens (dass alles, was gewiss erscheint, ungewiss ist) und demgegenüber die wohltuende Vertrautheit etwa von Gewohnheiten. Und die persönliche Erkenntnis, was wirklich wesentlich im Leben ist: Dass es eine Schönheit gibt, die das Leben selbst sein kann, auch die Schönheit von Freundschaft, Liebe, Familie. In der schwierigen Lebenssituation wird deutlicher als je, wer die wahren *Freunde* sind. Anhand der neu gewonnenen Maßstäbe des Wesentlichen lässt sich das Leben *ändern*. In der Konfrontation mit der Grenze des Lebens kommt ein mögliches *Darüberhinaus* in den Blick, eine größere Dimension, die das eigene, endliche Leben relativiert und in die es sich doch eingebettet fühlen kann.

Vor allem das *Schöne* stiftet Sinn und ist offenkundig unverzichtbar für das Freiwerden heilender Kräfte. Man kann es auch das Bejahenswerte nennen. Schön ist das, was als *bejahenswert* erscheint. Durch das, was als bejahenswert erscheint, wird Wert verliehen und werden Werte begründet.

Als bejahenswert erscheint es in einer individuellen Perspektive, die nicht unbedingt Allgemeingültigkeit beanspruchen kann. Ohne Schönes, Bejahenswertes lässt sich das Leben nicht leben; daher empfiehlt sich dieser existenzielle Imperativ für die je eigene Lebenskunst: *Gestalte dein Leben so, dass es bejahenswert ist.* Das soll jedoch nicht zu einem ästhetizistischen Missverständnis führen: Bejahenswert kann keineswegs nur das Angenehme, Lustvolle oder, wie es im ausgehenden 20. Jahrhundert gerne genannt wurde, das „Positive" sein. Sondern auch das „Negative", Krankheit, Schmerz und Leid – weil es zu tiefen Einsichten führen kann. Entscheidend ist, ob das Leben insgesamt als bejahenswert erscheint. Lebenskunst ist der Versuch zur Realisierung eines schönen Lebens in diesem Sinne. Ist das identisch mit dem *Glück*, nach dem heute so viele Menschen suchen?

Begriff von Glück

Ein Element der Lebenskunst im Umgang mit Krankheit könnte schließlich die Vermittlung einer Befähigung zum Glück sein. Allerdings ist auch „Glück" zunächst nichts als ein Begriff, und Begriffe sind nun mal eine Frage der Definition. Was ist Glück? Speziell mit dem Begriff „Glück" kann ganz Verschiedenes gemeint sein, es gibt keine verbindliche, einheitliche Definition. Was darunter zu verstehen ist, legt letztlich das jeweilige Individuum für sich selbst fest. Die Philosophie kann lediglich Hilfestellung bieten, die im Wesentlichen in einer Auseinanderlegung des Begriffs besteht, fern davon, eine bestimmte Bedeutung zur einzig möglichen zu erklären. Dies erlaubt die je eigene Klärung, um die Frage zu beantworten: Was bedeutet Glück für mich? Beim genaueren Hinsehen zeigt sich, dass drei Ebenen des Glücks im Spiel sind, und es könnte sinnvoll sein, sie auseinander zu halten:

Das Zufalls-Glück
Das deutsche Wort „Glück" rührt vom althochdeutschen *gelücke* her und hat viel mit dem Schicksal zu tun, das so oder auch anders ausfallen kann. Die Zufälligkeit dieses Glücks prägt den Begriff im Deutschen bis heute. Offen ist die Frage und wird es wohl bleiben, ob die Zufälle „Sinn" haben, ob sie einer Vorherbestimmung oder Vorsehung folgen. Jedenfalls kennen die Zufälle erstaunliche Regelmäßigkeiten, auf glücklicher wie unglücklicher Seite; den Philosophen der Lebenskunst ist das nicht verborgen geblieben: *„Die Unglückstage kennen*; denn es gibt dergleichen", heißt es in Graciáns Handorakel, Aphorismus 139, schon im 17. Jahrhundert, „an solchen geht nichts gut, und ändert sich auch das Spiel, so doch nicht das Missgeschick.

Auf zwei Würfen muss man die Probe gemacht haben und sich zurückziehen, je nachdem man merkt, ob man seinen Tag hat oder nicht." Wesentlich am Zufalls-Glück ist seine Unverfügbarkeit. Verfügbar ist lediglich die *Haltung*, die der Einzelne dem Schicksal und Zufall, auch einer Krankheit, gegenüber einnimmt: Er/sie kann sich verschließen oder offen dafür sein; im Inneren wie im Äußeren lässt sich die Einstellung präparieren, mit der ein Zufall aufgenommen oder abgewiesen werden kann. Das entscheidet nicht darüber, ob ein Zufall kommt oder nicht, sondern wie er empfangen wird, wenn er kommt. Erforderlich ist die Haltung der Duldsamkeit, des Wartenkönnens und Hinnehmenkönnens, wenn der Zufall sich nicht einstellen will oder anders als erwartet ausfällt, was nicht selten der Fall ist.

Das Wohlfühl-Glück
In moderner Zeit wird der Begriff des Glücks in wachsendem Maße über das so genannte „Positive" definiert: das Angenehme, die Lüste, das Wohlfühlen, die guten Empfindungen, das Gesundsein – ein Glück auf körperlicher und seelischer Ebene. Die grundlegende Definition hierzu stammt von Utilitaristen wie Jeremy Bentham im 18. Jahrhundert: Glück ist Maximierung von Lust und Minimierung von Schmerz. Kaum eine philosophische Auffassung hat sich dermaßen durchgesetzt wie diese. Die moderne Spaß- und Erlebnisgesellschaft ist ohne das Streben nach Glück in diesem Sinne nicht denkbar. Das Wohlfühl-Glück ist keineswegs verwerflich, es hat seine Zeit, es hält glückliche Augenblicke bereit, für die das Individuum sich offen halten und die es auch selbst präparieren kann: Augenblicke, die sich auch im Zustand der Krankheit finden lassen. Man kann sich wohlfühlen mit einer Tasse Kaffee, einem guten Gespräch, einem Erfolg, und sei er noch so klein. Dieses Glück ist in hohem Maße vom jeweiligen Menschen selbst zu gestalten, wenn er all das kennt, was ihm gut tut. Man kann die Ingredienzien dieses Glücks kennen, sie suchen und an ihrer Bereitstellung arbeiten. Auch Gracián weiß schließlich von der *„Kunst, Glück zu haben"* in seinem Handorakel, Aphorismus 21: „Es gibt Regeln für das Glück: denn für den Klugen ist nicht alles Zufall. Die Bemühung kann dem Glücke nachhelfen." Die philosophische Lebenskunst trägt jedoch Sorge dafür, nicht das gesamte Leben mit einem einzigen Wohlfühl-Glück zu verwechseln. Sie stellt das Selbst beizeiten darauf ein, dass es noch andere Zeiten geben wird, um nicht bitter enttäuscht zu sein, wenn nicht alles jederzeit lustvoll ist und völlige physische und psychische Schmerzfreiheit nicht erreicht werden kann: Niemand kann das.

Das Glück der Fülle

Das wirkliche Glück der Fülle besteht nicht etwa darin, dass alles in Erfüllung geht, was man sich wünscht: *„Etwas zu wünschen übrig zu haben*, um nicht vor lauter Glück unglücklich zu sein. Der Leib will atmen und der Geist streben. Wer alles besäße, wäre über alles enttäuscht und missvergnügt"*, heißt es in Graciáns Handorakel, Aphorismus 200. Das Glück der Fülle ist noch ein anderes als das des bloßen Wohlfühlens und der Erfüllung aller Wünsche, umfassender und dauerhafter, das eigentlich philosophische Glück, von dem schon Platon, Aristoteles, Epikur, Seneca sprachen, nicht abhängig von bloßen Zufällen und momentanen Empfindungen. Es ist vielmehr die Balance in aller Polarität des Lebens, nicht unbedingt im jeweiligen Augenblick, sondern durch das gesamte Leben hindurch: Nicht nur Gelingen, auch Misslingen; nicht nur Erfolg, auch Misserfolg; nicht nur Lust, auch Schmerz; nicht nur Gesundheit, auch Krankheit; nicht nur Oberfläche, auch Abgründigkeit; nicht nur Tun, auch Lassen. Und nicht nur ein Glücklichsein des Wohlfühlens, sondern eines, das auch das Unglücklichsein noch mit umfassen kann. Dieses Glück der Fülle ist eine Frage der bewusst eingenommenen geistigen Haltung zum Leben, in Heiterkeit und Gelassenheit kommt es am besten zum Ausdruck, das ist der „gute Geist", von dem der alte griechische Ausdruck für Glück, *eudaimonía*, seinen Namen hatte. Keine der genannten Ebenen, Zufallsglück, Wohlfühlglück, Glück der Fülle, ist verzichtbar, das dritte Glück aber ist das einzige, das dauerhaft sein kann; dieses Glück gilt es erst wieder zu entdecken. Das wäre sozusagen der Gipfel der Lebenskunst im Zustand der Gesundheit und beim Umgang mit Krankheit. Damit kann ein Mensch auch unter schwierigen Bedingungen noch glücklich sein.

Jüngste Buchpublikationen

- Glück – Alles, was Sie darüber wissen müssen und warum es nicht das Wichtigste im Leben ist, Insel Verlag, Frankfurt a. M. 2007, 2. Auflage 2007.

- Die Fülle des Lebens. 100 Fragmente des Glücks, Insel Taschenbuch, Frankfurt a. M. 2006, 2. Auflage 2007. Übersetzungen: Niederländisch (2007).

- Die Kunst der Balance. 100 Facetten der Lebenskunst, Insel Taschenbuch, Frankfurt a. M. 2005, 4. Auflage 2007. Übersetzungen: Niederländisch (2005), Lettisch (2006).

- Mit sich selbst befreundet sein. Von der Lebenskunst im Umgang mit sich selbst, Suhrkamp Verlag, Reihe Bibliothek der Lebenskunst, Frankfurt a. M. 2004, Taschenbuch 2007. Übersetzungen: Niederländisch (2004).

Autoren

Naime Cakir, geb. 1969 im Nord-Osten der Türkei, kam mit 7 Jahren nach Deutschland. Studium der Sozialpädagogik (Schwerpunkt: Migrationssozialarbeit) an der Fachhochschule Darmstadt. Zurzeit Studium der Religionswissenschaften mit Schwerpunkt Islamische Religion an der Johann-Wolfgang-Goethe-Universität Frankfurt. Freischaffende Referentin zum Themenbereich Islam und Integration.

Rainer Frisch, kath. Krankenhauspfarrer, Universitätskliniken Frankfurt am Main, r.frisch@bistum-limburg.de

Dr. Jochen Kramm, Leiter des Zentrums Oekumene; Zentrum Oekumene der EKHN; Praunheimer Landstr. 206; 60488 Frankfurt; Tel 069-976518 13; Fax 069-976518 19; jochen.kramm@zoe-ekhn.de; www.zentrum-oekumene-ekhn.de

Petra Kunik Die jüdische Publizistin Petra Kunik lebt als freie Autorin bei Frankfurt. Sie ist u. a. Vorsitzende der Gesellschaft für christlich-jüdische Zusammenarbeit Frankfurt am Main. Geboren 1945 in Magdeburg und aufgewachsen in Frankfurt/M ist die Tochter von Überlebenden der Shoa aktives Mitglied der jüdischen Gemeinde und hier gehört sie zum „Egalitären Minjan". Die ausgebildete Schauspielerin lebt heute als Interreligiöse/ Interkulturelle Referentin und freie Autorin.

Dr. Annemarie Richards, Gynäkologin, freie Praxis, Jahre in einer anthroposophischen Klinik auf einer Krebsstation, seit 35 Jahren Beschäftigung mit der Anthroposophie. Email: anrichards@web.de, Telefon 06172-48 93 61.

Wilhelm Schmid, geb. 1953, lebt als freier Philosoph in Berlin. Er studierte Philosophie und Geschichte in Berlin, Paris und Tübingen und lehrt Philosophie als außerplanmäßiger Professor an der Universität Erfurt. Viele Jahre lang war er Gastdozent in Riga/Lettland und Tiflis/Georgien, sowie „philosophischer Seelsorger" an einem Krankenhaus in der Nähe von Zürich.
Homepage: www.lebenskunstphilosophie.de

Dr. Cornelia Weishaar-Günter, geboren 1957, Studium der Medizin und Tibetologie. Seit 1988 tätig als Übersetzerin für Tibetisch und Kursleiterin an verschiedenen öffentlichen Institutionen insbesondere im Raum Rhein-Main sowie in Erlangen. Kontakt: Herberstr.17, 65343 Eltville, Tel. 06123-2779.

forum zeitpunkt · zeitpunkt musik

„Lärmende Stille im Kopf"
Musiktherapie in der Psychiatrie.
Musiktherapie-Tagung FMZ 2006
Hg. von Ute Rentmeister
112 S., kart.
(978-3-89500-535-0)

Relevante Aspekte der Musiktherapie bei psychischen Erkrankungen stehen im Mittelpunkt dieses Bandes. Anhand von Praxisbeispielen entwickeln die Beiträge Ansätze und Grundlagen eines theoretischen Hintergrundes. Diskutiert wird die Rolle der Musiktherapie in der Psychiatrie, das Wechselspiel von Musik und Sprache und das Konzept einer musiktherapeutischen fokalen Kurztherapie.

Empfinden – Hören – Sehen.
Welche Zugänge wählen nonverbale Psychotherapien?
Am Beispiel der Diagnose: Persönlichkeitsstörung.
Beiträge zur Musiktherapie
Von Tonius Timmermann
180 S., kart.
(978-3-89500-379-0)

Eine Fülle psychotherapeutischer Verfahren und Methoden stehen den Musiktherapeuten zur Verfügung. Dieses Buch gibt Orientierung und besinnt sich auf gemeinsame historische Wurzeln. Diese liegen einerseits im anthropologisch Gegebenen, im Künstlerisch-Ästhetischen und Pädagogischen, andererseits in der Entwicklung der modernen Psychotherapie sowie dem aktuellen medizinischen und psychologischen Wissenstand.

Musiktherapie und Trauma
Musiktherapie-Tagung FMZ 2007
Hg. von Hanns-Günther Wolf
140 S., kart.
(978-3-89500-608-1)

Die Arbeit mit traumatisierten Menschen fand in den letzten Jahren zunehmend das Interesse der Psychotherapie. Neue neurologische Erkenntnisse zeigen, dass diese Patienten andere therapeutische Zugänge benötigen. Imaginationstechniken und Stabilisierungsarbeit zählen dazu. Dieser Band untersucht, unter welchen Umständen Musik innerhalb der Traumatherapie heilsam eingesetzt werden kann.

forum zeitpunkt · zeitpunkt musik

**Jahrbuch Musiktherapie ·
Music Therapy Annual**
Band 1 (2005): Forschung
und Entwicklung
196 S., kart. (978-3-89500-460-5)

Band 2 (2006): Schöpferisches Potential
der Musiktherapie vor dem Hintergrund
gegenwärtiger Rahmenbedingungen
224 S., kart. (978-3-89500-488-9)

Band 3 (2007): Kultursensibilität
und Musiktherapie
224 S., kart. (978-3-89500-578-7)

Reader Musiktherapie
Klanggeleitete Trance, musiktherapeutische
Fallsupervision und andere Beiträge
Von Wolfgang Strobel
232 S., kart. (978-3-89500-135-2)

Musiktherapie mit Leib und Seele
Gertrud Katja Loos.
Leben – Werk – Erinnerungen
Hg. von Marie-Luise Zimmer,
Brigitte Loos-Frank und Volker Bernius
340 S., 16 Abb., kart. (978-3-89500-466-7)

Fenster zur Musiktherapie
Musik-therapie-theorie 1976–2001
Von Isabelle Frohne-Hagemann
322 S., kart. (978-3-89500-255-7)

Ritual, System, Ressource
Konzepte in der Musiktherapie
Hg. von Monika Nöcker-Ribaupierre
160 S., 15 Abb., kart. (978-3-89500-458-2)

**Zur Idee des therapeutischen
Nachnährens – was kann
Musiktherapie leisten?**
Hg. von Dorothee von Moreau
und Andreas Wölfl
112 S., kart. (978-3-89500-295-3)

**Tiefenpsychologisch orientierte
Musiktherapie**
Bausteine für eine Lehre
Von Tonius Timmermann
152 S., geb. (978-3-89500-399-8)

Rezeptive Musiktherapie
Theorie und Praxis
Hg. von Isabelle Frohne-Hagemann
484 S., 20 Abb., kart. (978-3-89500-389-9)
Auch in Englisch erhältlich.

Musik als Begegnung
Schöpferisches Handeln
zwischen Pädagogik und Therapie
Von Klaus Leidecker
164 S., kart. (978-3-89500-256-4)

„Ich wachse, wenn ich Musik mache"
Musiktherapie mit chronisch kranken
und von Behinderung bedrohten Kindern
Hg. von Barbara Müller-Oursin
108 S., kart. (978-3-89500-472-8)

Verschmerzen
Musiktherapie mit krebserkrankten Frauen
und Männern im Spannungsfeld von
kurativer und palliativer Behandlung
Hg. von Almut Seidel
208 S., 41 Abb., kart. (978-3-89500-457-5)

ZwischenWelten
Musiktherapie bei Patienten
mit erworbener Hirnschädigung
Hg. von Monika Baumann
und Christian Gessner
340 S., kart. (978-3-89500-371-4)

Vom Wesen des Atems
Herta Richter im Gespräch
mit Dieter Mittelsten Scheid
144 S., kart. (978-3-89500-536-7)

Atemwelten
Hg. von Herta Richter
192 S., kart. (978-3-89500-459-9)